特别狠心特别爱
TEBIE HENXIN TEBIE AI

犹太妈妈的财商教育

YOUTAI MAMA DE CAISHANG JIAOYU

沙 拉 著

接力出版社
Publishing House

图书在版编目（CIP）数据

犹太妈妈的财商教育 / 沙拉著 . —南宁：接力出版社，2021.8
（特别狠心特别爱）
ISBN 978-7-5448-7183-9

Ⅰ. ①犹… Ⅱ. ①沙… Ⅲ. ①犹太人－财务管理－家庭教育
Ⅳ. ① G78 ② TS976.15

中国版本图书馆 CIP 数据核字（2021）第 085317 号

责任编辑：楚亚男　马　婕　　特约编辑：刘玉梅　　装帧设计：许继云
责任校对：杨　艳　　责任监印：刘　冬
社长：黄　俭　　总编辑：白　冰
出版发行：接力出版社　　社址：广西南宁市园湖南路 9 号　　邮编：530022
电话：010-65546561（发行部）　传真：010-65545210（发行部）
http://www.jielibj.com　　E-mail:jieli@jielibook.com
经销：新华书店　　印制：河北省唐山嘉德印刷有限公司
开本：710 毫米 ×1000 毫米　1/16　　印张：14.5　　字数：160 千字
版次：2021 年 8 月第 1 版　　印次：2021 年 8 月第 1 次印刷
印数：00 001—15 000 册　　定价：59.00 元

时任以色列总理拉宾
亲切接见沙拉

《鲁豫有约》报道沙拉的传奇育儿经：
想当“富翁的妈妈”

目　录

1

第2章

让孩子做金钱的主人

第3章

犹太妈妈的理财魔法

第 4 章

先有情商，才有财商

4

序言

理财就是理人生

我千辛万苦到以色列，目的之一就是学习以色列的家庭教育经验。但是，我当时并不知道，以色列的教育里，最傲视全球的就是财商教育。

那究竟什么是财商呢?“财商”是指认识与管理财富的能力，是一个人在成长与发展过程中必需的“十商”之一。财商（Financial Quotient）一词最早由美国作家和企业家罗伯特·清崎提出。本义是指“金融智商”，英文缩写为FQ。中国人把“财商”定义为一个人与金钱（财富）打交道的能力。

在世界的民族之林中，犹太人虽然历经艰辛，人口仅占世界总人口的0.2%—0.3%，但是在相当长的一段历史时期内，他们当中不仅产生了马克思、弗洛伊德、毕加索等世界伟人，同时也产生了无数的亿万富翁，如罗斯柴尔德、洛克菲勒、哈默等等，控制了世界的经济命脉，赢得了“世界第一商人”的美誉。美国大学中，20% 的教授是犹太人。获得诺贝尔奖的美国人中，有31% 是犹太人。这一定不是偶然的。

有句老话叫“富不过三代”，但是在以色列，这种情况很少发生。难道是因为富翁前两代积累的财富不够多吗？不是的，是因为有的父母一富就想富孩子，给孩子富足甚至奢侈的物质条件，却没有教给他们必要的生存技能和生活素质。别说第三代，很多在第二代就把钱败光了。如果不教给子女管理金钱以及创造财富的知识，财富就不会一代一代地增加，而是会不断地减少，最终一定是坐吃山空，消耗殆尽。

目前，家长们都开始重视培养孩子的财商：培养孩子的理财技能，挖掘孩子的财商潜能，充实孩子的金融知识等。但是大多数家长和孩子都还没有真正地了解财商，还没有掌握财商的精髓。

在以色列，我们并没有特意去学习财商课程，但是在整个环境的熏陶和亲友邻居的影响下，我们顺理成章地开始了家庭财商教育，在日常生活中摸索出适合自己和孩子的理财之路以及财商教育之路。

犹太人的财商是刻在头脑里的，是一代代传承下来的，所以，没有人会急切地想要报什么财商速成班，大家都是按照自己的节奏让孩子在潜移默化中学习。

犹太人培养孩子财商的目的，不是让孩子沦为赚钱的机器、守财的奴隶。相反，他们把“理财教育”视为“道德教育”或“人性教育”，帮助孩子养成人生所需要的正确的价值观，学会调配、使用、分享资源，从而有信心、有实力去实现自己的梦想。在以色列生活这么多年，我可以毫不犹豫地告诉大家：理财就是理人生，所有理财的基础都源自一个人对人生的理解和选择。比如遇到事情要如何选择、如何应对，只有掌握了正确的应对方式，才能在今后的理财之路比别人先行一步，比别人更进一步，比别人更优秀！

财商智慧包含在人生智慧中。理财也是从理人生开始，如果连人生都没有理清楚，就没必要考虑理财了。理好自己的人生，这比一门心思赚大钱更能让人幸福，也更能对社会做贡献。

中国社会现在对财商教育高度重视，各种财商培训班、财商活动层出不穷，但正是这种重视让我担忧。在我看来，财商是不能速成的，真正的财商教育贯穿于整个人生过程中，这是一个长期过程。最好的儿童财商教育是在生活中，而父母就是孩子最好的财商老师。如果父母能够静下心来，带着我们的孩子在生活中一步一个脚印地理顺人生，像犹太父母那样让孩子在潜移默化中学习，那么孩子的财商水平一定不会低。

自古以来，犹太人一直是世界上众所周知非常会赚钱的民族，对孩子的理财教育堪称范本。但是犹太人并非刻意如此。犹太父母没有把财商教育和生活割裂开来，而是认为：把自己的生活理好了，财也就理好了。所以，谈到财商，我更想跟大家分享的是父母在生活中可以怎么做。在这本书里，我只是抛砖引玉，担任把中国和以色列两片古老大地上的教育智慧融合起来的角色，我将通过四章的内容从以下四方面详细介绍。

第一阶段：认识钱，培养孩子正确的金钱观。

当孩子还在牙牙学语时，犹太父母就会教他们辨认硬币和纸钞，让他们体会“金钱可以购买他们想要的东西”，更重要的是告诉孩子“钱是怎么赚来的”。聪明的父母会谈钱，当孩子有了对金钱的初步概念和兴趣后，便使其逐渐加深“钱能换物”的理财观念。

第二阶段：掌钱能力，让孩子做金钱的小主人。

很多孩子目前面临的最大问题是不知如何花零用钱，而犹太家长认为，剥夺孩子们掌控钱的机会，会养成要花钱就伸手向家长要、一有钱就花光的坏习惯，缺乏对消费的规划意识。犹太父母会从小让孩子规划自己的零用钱。

第三阶段：赚钱能力，从小打造孩子的商业头脑。

都说开源节流，节流重要，开源的意义更大。让孩子了解赚钱的规则，了解财富流转的规则，在工作中还能体味到回报与付出成比例。小时候的这项功课，将会给他们的一生带来巨大的精神和物质财富。

第四阶段：财富知识，让孩子有钱更有情怀。

财商教育，讲的不仅仅是“钱”。时间、智慧、人际关系都是财商的重要组成部分。除了教会孩子合理地花钱、有效地赚钱，家长们也要试着告诉孩子一些基本的财富常识，培育孩子成为一个智慧的、幸福的、受欢迎的人。

1

第 1 章

聪明的父母会谈钱

有效的财商教育，由向孩子索取开始

如何培养孩子正确的金钱观？

财商启蒙，从《大富翁》游戏开始

从小培养孩子对数字和逻辑的兴趣

让孩子“当一天家长”

比起当富豪，我更想当一个富豪的妈妈

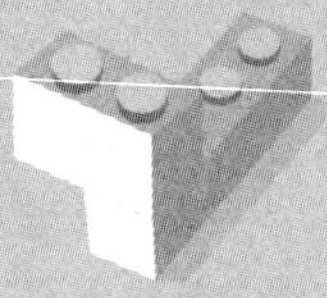

有效的财商教育，
由向孩子索取开始

说到财商教育，大部分人的第一反应是教孩子赚钱或者教孩子合理支配自己的零花钱。确实，这些都是财商教育的重要组成部分，但是，我首先要讲的一点是绝大多数家长，甚至财商专家都会忽视的一点，那就是适当地向孩子索取。

我一直记得那一天的情景，每次想起来都很感动。那天，子女们就像商量好了一样，叽叽喳喳地围绕在我身边对我说："妈妈，您给了我们三把钥匙——坚强、自信和宽容，我们三个人也要给妈妈三把钥匙！"大儿子说："妈妈，我要给您一把车钥匙，您的脚总因为骨刺而疼痛，我要让您不再那么辛苦。"小儿子说："妈妈，我要给您一把别墅的钥匙！我们全家人都可以住在一起！”最小的小女儿也抢着跑过来说：“我是女人，一定给妈妈一把保险箱钥匙，里面装满珠宝首饰！”

为了孩子，我走过非常艰辛的路，通过借鉴犹太民族的教子秘籍，融合中国传统教育精华，我如愿得到了孩子们承诺的三把钥匙。而这一幕之所以会发生，和我对他们的索取分不开，我的索取让他们产生了自信心和责任感，让他们积极地去追求财富，并拿他们辛苦得来的财富和我分享。

可能有些家长会质疑，为什么要向孩子索取？我通过自己的亲身经历和观察研究验证，这是财商教育的重要组成部分。我的孩子们能有现在的成就，且乐于和我分享他们的成就，跟他们小的时候我敢于向他们“示弱”、敢于向他们表达自己的“愿望”有着密不可分的关系。

我也不是一开始就懂得向孩子索取的，我的教育方式的改变是从我带着孩子去以色列生活之后开始的。众所周知，犹太民族是一个非常具有财富头脑的民族。我在以色列生活了十余年，发现很多家族的财富都世代相传，再仔细一看，这世代相传的不仅是财富，更多是创造财富的技能和素质，这些东西比金钱更有价值。这种有价值的东西，不是来自遗传，而是来自犹太父母高质量的爱子方式和财商教育理念。而其中的一个重点，就是向孩子索取。

这真是不少中国父母无法想象的！大多数中国父母习惯了满足孩子的要求，尽力给孩子创造最好的条件，吃穿住行用都在自己的能力范围内给孩子最高的享受，这就造成了孩子把父母的奉献当作理所当然，不知道赚钱的辛苦，不知道父母给他们的东西都是父母辛辛苦苦得来的。他们从父母那里可以轻而易举地要来自己想要的东西，这就造成了他们不懂珍惜、不懂感恩、不懂回报的性格。“啃老族”的出现很大程度上是父母自己不当的教育方式种下的恶果。

我曾经在很多场合强调过：中国很多父母给予孩子的爱，不是太少，而是太多了，不忍心让孩子从小体验生活的艰难，也不懂得在适当时机向孩子索取，因此最终导致子女们一辈子生存艰难，一辈子朝父母索取！

做父母的一定要改变心态，学会在孩子面前示弱和索取！不要觉得向那么小的孩子索取太残忍。其实，孩子也是需要“被需要感”的，你的示弱和索取，会让孩子产生“我很厉害，爸爸妈妈都需要我”的自信心以及“爸爸妈妈这么需要我，我一定要做好”的责任感。

还有一些父母会担心：“我向孩子索取，孩子会不会觉得我不够爱他？”真正的爱并不是暂时的满足，而是要看长远的影响。《战国策》中有句话说得好：“父母之爱子，则为之计长远。”犹太父母向孩子索取，并没有影响他们的亲子关系。事实上，我在以色列接触了很多犹太家庭，他们的家庭关系大部分都很和谐，父母和孩子之间也是充满了爱和信任的。

天下的父母没有不爱自己孩子的。在爱的程度上，犹太家长和中国

◎ 沙拉和家人在一起

家长不分伯仲，都是赴汤蹈火、掏心掏肺的。但是，关于如何爱孩子，犹太家长却有着明显的不同。犹太家长以“培养孩子的开拓精神，使孩子成为能够自食其力的人”为出发点，注重培养孩子生命深处的技能和素质。爱孩子就要为孩子深谋远虑，他们把学会独立生存作为最贵重的礼物送给孩子。他们尊重孩子独立的人格，把孩子看作一个独立的人，大家庭的一分子，让孩子从小参与家庭建设。

就拿我在特拉维夫的邻居来说吧。他们家的孩子是名副其实的小主人，而不是大多中国家庭中的“小皇帝”。孩子们经常参与家庭的各种活动，跟父母一起干一些力所能及的家务活，比如整理房间，做简单的饭菜，收拾院子，种植花草树木，擦洗汽车，做室内外卫生，购买东西，等等。犹太家长认为家务活是孩子生存教育的基础课程，也是财商教育的基础课程。刚到以色列的时候，我也为此震惊。但是事实让我看到，与当时我“四体不勤，五谷不分”的孩子们相比，犹太孩子们游刃有余地和父母一起做家务，不但不会耽误他们的学习，而且他们还能想办法赚自己的零花钱，从小就能给家庭做贡献，这让我感触很深。

犹太人从来不觉得赚钱是一个需要长到一定年龄才能开始参与的活动，与中国的教育从娃娃抓起一样，他们始终觉得赚钱从娃娃抓起才是最好的教育方式。犹太父母会向孩子“示弱”，告诉孩子家长的需求，并向他们寻求力所能及的“帮助”。我之前觉得就算让孩子做家务赚钱或者出去打工赚钱，也只是给他们赚取零花钱的机会，让他们可以有钱买自己想要的东西。可是犹太父母却实实在在地告诉我，孩子是可以参与家庭建设的，向孩子索取可以培养孩子的责任感和爱心。

那我是如何索取的呢？我不像传统的中国父母，总是告诉孩子不要为钱操心，让孩子认为父母会无限地满足他们的需求。相反，我经常提醒孩子，我对他们的未来充满信心，且相信他们每人会送一样东西给我，而且是能放在我手上的好东西。孩子们都很聪明，知道我的言外之意。

后来，孩子们实现了自己的诺言，送给我三把钥匙，让我感到欣慰的不在于他们给我的宝物有多值钱，重点在于他们懂得母亲的需要。父母不是万能的，也不是钢铁打造的，父母的坚强源自对孩子的爱。父母不是没有脆弱的时刻，而是把脆弱藏起来了。所以，父母适当地在孩子面前表现出自己的脆弱，可能会得到意想不到的惊喜。

我现在有时也会在孙子孙女面前“示弱”，让他们送给我一朵花、一幅自己画的画，看到我收到小礼物时开心的表情，他们比我更开心，因为他们觉得自己虽然年纪不大，却发挥出了自己的能量和价值。有时他们请我帮忙做事情的时候，我也会适当地收取一些“报酬”，这些“报酬”并不一定是金钱，有时也会让他们用劳动换取，比如帮我端茶倒水，帮我捶背，浇花，等等，我会用各种方式让他们明白“付出才有收获”。

现在社会中有不少“啃老族”，我认为这都是能干的父母造成的。当我们在责怪“啃老族”的时候，做父母的首先自己要反省，在孩子小的时候有没有让他们明白“天下没有免费的午餐”这个道理，任何美好事物的获得都是需要付出努力的，有耕耘才有收获，付出了才有可能得到回报。不劳而获，天上掉馅饼的事情是永远也不会发生的。

我们要教孩子懂得：若想获得，就必须通过自己的努力去争取。总是给孩子周到的照顾，让他享受各种美好的东西，就等于在让孩子习惯“不劳而获”。适当地向孩子索取，孩子才不会觉得自己的“不劳而获”是理所当然的。

一个家庭可以清贫，可以富贵，但是只要有正直善良、不畏困境、拥有教育智慧的父母，就可以让孩子学会应对世界上的一切未知，就能够培养出把世界掌握在自己的手里，又能回馈父母的下一代。

▶ 财商教育锦囊

世界各国的财商教育

美国、英国、以色列、日本等经济发达国家的财商教育起步较早，金融市场发展也较为成熟，这些国家已从国家层面推行儿童财商教育。

在美国，儿童财商教育被称作“从三岁开始实现的幸福人生计划”。父母会用寓教于乐的方式，告诉孩子金钱的作用，以及金钱的得来不易。

在英国，理财教育从幼儿开始，并会针对不同年龄提出不同要求：五至七岁的儿童要懂得钱的不同来源，懂得钱可以有多种用途；七至十一岁的儿童要学习管理自己的钱，认识储蓄对于满足未来需求的重要作用。

在以色列，犹太人对孩子进行财商教育中最重要的一点，就是培养孩子“延后享受”的理念。所谓延后享受，就是指延期满足自己的欲望，以追求自己未来获得更大的回报。犹太父母会这样对孩子说：“如果你喜欢玩，你需要自己赚取所需要的自由时间，这需要良好的学业成绩。之后，你会找到一份好工作，赚很多钱。你就可以玩更长时间，玩更贵的玩具。但是，如果你搞错了顺序，整个系统将不起作用。你只能玩很短的时间，然后得更努力地工作。没有玩具，没有快乐。”

在日本，教育孩子有一句名言：“除了阳光和空气是大自然的赐予，其余一切都要通过劳动才能获得。”很多日本家长都鼓励孩子利用课余时间打工挣钱。他们认为，在家庭教育中，家务劳动是孩子应尽的义务。

如何培养孩子正确的金钱观?

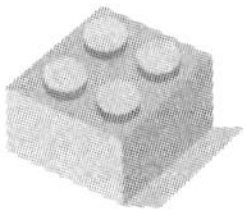

我曾在街上看到一个孩子吵着要买玩具，父亲回答没有钱，孩子就拽着父亲的手，哭闹着说:“你去银行取款机拿钱就好了!”因为小孩看到父母在银行自动柜员机上取过钱，以为把小卡片插进去，只要按动几个键，就会“吐”出钞票来。孩子根本就没有想过，钱是父母辛辛苦苦赚来的。

现在大家都在用网络银行、支付宝、微信转账，随着支付方式的转变，很多时候我们不用把钱拿出来，刷刷卡、刷刷手机就可以买到东西，孩子们在这种日益无现金化的社会环境下很容易对金钱没有概念，以为钱是通过手机制造出来的，以为花钱买东西就是拿出卡、拿出手机那么简单，因为他们并没有看到钱。他们不知道手机付款账户连接着银行卡或储蓄账户，更不知道这些钱是父母工作赚来的，以为只要有手机，商场的东西可以随便买……

这就需要父母从小给孩子树立正确的金钱观，告诉孩子钱是什么、钱是怎么来的，还要告诉孩子父母为什么要去上班，因为勤劳才会有幸福的人生。只有对金钱有足够全面的认识，孩子才能运用自如，长大后才不至于被金钱迷惑了双眼，不被金钱奴役。

财商的核心是金钱观，本质上和我们的价值观相关联。可现状是大多数父母由于自身不会理财，对金钱的认识不足，教育孩子时忽视了这一点，导致在孩子管理财富方面的教育缺失。不仅在家庭教育中，在我们的学校教育、社会教育中，都存在这种缺失。而这直接导致了孩子在日后的生活中不会理财、不善于理财，要么夸大钱的作用，认为“钱是万能的，有钱就能买到一切”；要么贬低钱的作用，花钱大手大脚，对钱不屑一顾，认为“金钱是万恶之源”。这样的教育造成孩子对金钱的认识出现偏差，要么成为拜金主义者，金钱至上；要么对金钱一无所知，容易被金钱控制。

美国作家、《富爸爸穷爸爸》作者罗伯特·清崎曾多次强调：“如果你不教孩子关于金钱的知识，将会有其他人代你来教他。如果要让银行、债主、警方，甚至是骗子来进行这些教育，这恐怕不会是个愉快的经验。”父母是孩子最好的财商启蒙老师。在学校开展系统的财商教育之前，父母必须担负起责任，抓住一切机会帮助孩子正确地认识金钱、管理金钱、获得金钱，从而建立起自己的财商架构。

金钱到底是什么?

对于犹太人来说，钱居于生死之间，没有钱他们就无法生存，钱处于重要地位。但是，赚钱并不是唯一和最终目的，赚钱就是手段，赚了钱并不等于成功，真正的成功是获得知识和智慧。

在当下，金钱作为一种流通工具，我们可以用自己的劳动创造价值，获得金钱，然后再用金钱去换取我们需要的东西。我把金钱看作人生的工具及好朋友。金钱本身无善恶，它的是非善恶来自拥有金钱的人是怎么认识金钱、使用金钱的。金钱是把双刃剑，它能够帮助人们得到快乐、保持健康、渡过难关、获得想要的东西，同时也是让人犯罪、让人痛苦，甚至生病致死的理由。一张钞票可能经过不同人的手：卖菜的农夫、银行的职员、下课后在便利店买点心的小学生、公司董事长、行窃的小偷……有善人也有恶人，有穷人也有富人。慈善家用它做慈善，阴谋家则用它来搞阴谋，不同的人使用金钱会得到不同的结果。所以金钱本身并没错，关键在于使用者的态度及三观。父母要教导孩子以平常心正确地看待金钱——得之淡然，失之坦然，争其必然，顺其自然。要做金钱的主人，不走两极化。

不可否认，我曾经受困于金钱，所以我是非常有意识地在培养孩子的财商。我曾是一个能干的中国母亲，但在以色列，我学会了：不要做能干的父母，要做聪明的父母！不少中国家长以“给孩子钱用”为天职，但是不会和孩子谈钱。有些家长担心从小跟孩子谈钱，孩子会掉进钱眼儿里。我可以明确地说，如果你给孩子传递的是正确的金钱观，就不会。如果连钱都不敢谈，何谈财商？

聪明的父母会谈钱，我们要带孩子从小认识金钱，理性看待金钱，教孩子明白赚钱的意义，知道钱是怎么来的，知道钱要怎么用。我们要告诉孩子，我们的生活离不开金钱，同时也让他们知道金钱不是万能的，有些事情金钱解决不了，还有些东西，比如健康、亲情、友情、爱情等等，是无法用金钱去衡量的。

许多专家是通过向比尔·盖茨、沃伦·巴菲特、洛克菲勒等富翁学习，然后再教大众财商；而我不一样，我在以色列生活了十二年，亲身体验到犹太人的财商教育，我向我的以色列邻居、我孩子的同学们及家长们学习，我学到的是最生活化的财商教育。财商教育本来就是为了生活！要先培养孩子的生存技能与素质，才有资格谈财商教育。如果你不希望看到自己的孩子长大后成为“啃老族”“月光族”，就一定要及时给予他们正确的财商教育。

回想我们还在中国的时候，我和很多中国父母一样羞于和孩子谈钱，认为赚钱抚养他们是我的责任，他们只需要负责好好学习就可以了。所以刚到以色列时，我的孩子们和当地的孩子们相比，财商方面的差距不是一点点，还曾经因为自己缺乏财商被当地的孩子“欺骗”过。

◎　财商教育是每次讲座中最受读者欢迎的话题

犹太孩子们都很有财商头脑，这得益于他们从小开始就接受的财商教育。犹太父母在孩子很小的时候就会告诉他们钱不会从天而降，需要靠自己的努力去赚取。大部分犹太孩子从小就开始做家务赚钱了。

在以色列邻居和生活氛围的触动下，我开始有意识地培养孩子们的财商，虽然相对于当地孩子们来说，他们的财商启蒙开始得晚，但是我相信，只要有心，什么时候开始都是值得鼓励的。最开始我是把孩子们送去上学后，自己一个人出去摆摊卖春卷。后来，经过家庭会议协商，由孩子们和我一起做春卷、卖春卷。根据我们的实际情况，让孩子们参与我的春卷生意，让他们自己计算成本和收益，参与利润分配，在这个过程中慢慢积累财富经验。我始终认为，**母亲就是孩子行动的榜样。我通过劳动让孩子们懂得，只有吃过赚钱的苦，才能享受花钱的甜。我把财商观念和金钱交易融入了我们的生活，给孩子们最生活化的财商教育。**

孩子们由于长期和犹太孩子相处，耳濡目染，开始慢慢改变自己，向犹太孩子学习。孩子们不再像在中国的时候，不关心也不谈论跟钱有关的事情，不再把赚钱的事情都交给我，他们跟同学学习财商，和我一起做春卷生意，还运用自己的优势和资源赚零用钱。孩子们的财商头脑不断得到激发，等到他们回国的时候，已经比大部分同龄人更具财商头脑了。

君子爱财，取之有道！通过正当渠道来获得钱财，然后心安理得地积累财富的行为，作为一种古老的智慧流传了下来。这样有计划地培养财富意识，孩子才会认识到金钱的作用，不被金钱控制。

对金钱除了爱以外，还要惜，就是要想办法保护已有的钱财。从和我一起卖春卷起，我的孩子就很清楚金钱来之不易，因为这是他们付出了自己的劳动与时间，不管刮风下雨都出去摆摊，卖出一个一个春卷赚回来的。我的孩子每次收摊回来，都会一个硬币、一个硬币地数，一张大钞、一张小钞地算当天的收入，他们真正地感受到，财富是从这些硬币和纸钞积累起来的。

赚钱没有贵贱之分，钞票也没有新旧之分。有一些富裕家庭的孩子，钞票掉在地上都懒得捡，还有很多人喜欢看起来新一点儿的钞票，我的孩子就不会有这种想法。他们小的时候还没有信用卡，更没有现在的支付宝，他们在街上卖春卷，收钱、找钱，摸过新旧不一、面额不同的钞票，经历的是真正的金钱交易，所以他们对钱的感觉是十分真实的，面值再小的硬币、再脏的钞票他们都非常珍惜。

我孙子孙女的成长环境跟我儿子的不同，他们没有去以色列生活过，也不需要去摆摊卖春卷，但是对他们的财商教育我同样没有忽视。

在他们小的时候，我会跟他们玩一些金钱游戏，让他们知道钱有什么用，怎样才能赚到钱。等他们大一点儿，我会给他们零花钱，让他们有可以自己支配的金钱。如果他们乱花零花钱，我也会给以适当的惩罚。

我孙女有段时间和同学一起追星，她们喜欢那些偶像明星，我觉得很难接受。我孙女去听他们的演唱会，花高价买内场票，我知道后，语重心长地跟她说："你想买内场票在同学面前给自己长脸，可是你却打了奶奶的脸。我每个月给你 700 元钱，你要攒四个月才能买一张内场票，这个钱花得毫无意义。心里有星，何必追星！"我给她的惩罚是三个月不给她零花钱。经过这件事，孙女对自己零花钱的使用更理性了。

财商教育锦囊

怎样跟孩子谈钱?

1. 钱是爸爸妈妈通过劳动赚来的，不是“发明”出来的，也不是银行ATM机“吐”出来的。只有吃过赚钱的苦，才能享受花钱的甜。

2. 爸爸妈妈为什么要工作？因为劳动创造价值。医生、教师、工程师……数不清的职业构成了我们生活的社会，我们通过劳动创造价值，满足日常生活的需要，让自己和家人更幸福。你想要的衣服、玩具等等都是通过钱这一物质来进行交换的。没有钱，你就不能上学、买衣服、买玩具，家里就没法购置必需品了。

3. 财富是一点一滴积累起来的，所以不要浪费身边的每一个硬币，要控制花销，理性花钱。

财商启蒙，从《大富翁》游戏开始

我一直觉得我的孩子们很幸运，小时候能实地接触到犹太人的教育方式，可以和我一起参与家庭建设，在实践中积累财商知识。我的孙子孙女就没有这种机会，但我会创造机会早早地对他们进行财商启蒙。小孩子是听不懂那么多大道理的，于是我想到了游戏的方式。

犹太父母认为，想要让孩子懂得理财，应该先让孩子注意身边与金钱有关的细节。最常见的做法就是设计一些与此相关的“金钱游戏”，孩子都喜欢玩游戏，而且喜欢成为游戏中的胜利者，求胜之心能够激发他们的兴趣和钻研精神。有什么样的金钱游戏适合家长和孩子一起玩呢？我为大家推荐几个。

金钱游戏一：《大富翁》

犹太民族很善于投资，这跟他们从小接受的教育分不开。犹太父母教孩子学习投资时，通常会从《大富翁》之类的游戏入手，通过游戏建立起孩子对投资的初始印象，再将简单的投资知识融入其中。父母也可以带孩子玩玩《大富翁》这类经典金钱游戏，在游戏中激发孩子对金钱、对财富的兴趣。

金钱游戏二：物品价格猜猜看

我和孩子们常常玩猜物品价格的游戏。这个游戏很简单，父母可以准备一个纸箱，放一些日常用品，比如饮料、牛奶、书、铅笔、牙膏、玩具等孩子们日常可以接触到并能在超市找到价格的物品，不在这些物品上标价格，让孩子们来猜，比如：一瓶可乐多少钱？一本书多少钱？一个玩具多少钱？谁猜对了就交给他跟价格对应的钱，到最后看谁的钱最多，谁就是胜利者，赢的孩子可以得到适当奖励。当然和孩子玩游戏时，可以不用真的钱，你可以和孩子一起先“制作”一些钱，再开始游戏。孩子为了赢得比赛，平时跟父母逛超市的时候，就会留意商品的价格，增强对价格、对数字的敏感性。

此外，我还会告诉孩子，决定商品价格的因素不只有成本，供求关系、消费心理、宏观调控也是重要因素。

金钱游戏三：超市采购游戏

首先，父母给孩子准备几种商品、购物篮、一些纸币和硬币，有条件的话还可以置办一个玩具收银机。然后，分角色扮演顾客和老板。三四岁的孩子认识一些数字，父母可以先教他们辨认硬币和纸币，让他们知道“金钱可以用来购买自己想要的东西”。同时，父母教他们认识价格标签。扮演老板的孩子需要了解每件商品的成本，给商品定一个合理的价格，计算每次交易的收益。扮演顾客的孩子要想办法用最少的钱买到自己想要的东西。不管是扮演老板还是扮演顾客，都需要进行选择、精心计算，而选择和计算的过程就是财商观念形成的过程。

大一点儿的孩子玩超市采购游戏，父母可以直接带孩子去超市进行。去超市前，与孩子一起制定今天需要采购的商品清单和费用预算。

◎　孙女小时候

如果总价格超了预算，父母要告诉孩子如何合理选择商品，并与孩子一起调整方案。如果预算还有富余，父母可以奖励孩子一件小礼物。

金钱游戏四：假如我有一百万

这其实是一个思维想象的游戏，让孩子过一天百万富翁的生活。让孩子想象，假如自己有一百万，要如何分配这些钱？当然，金额也可以变动。这个游戏的关键是家长们不要限制孩子的想象和答案，只要孩子能给出自己的分配方案和分配理由就可以。我曾经参加过一些电视台的少儿财商栏目，其中也有类似这样的题目，孩子们都能条理清晰地阐述自己的分配方案，对于孩子财商思维的培养很有启发性。

金钱游戏五：跳蚤市场

跳蚤市场是欧美等西方国家对旧货地摊市场的别称。节假日，父母可以带着孩子一起摆地摊，出售家里不用的物品。这是一种很直接地跟钱打交道的方式。摆地摊不仅能培养孩子的财商，还能培养孩子的社交能力。

我一个朋友也曾带着儿子一起摆地摊，在这个过程中，孩子学会了给商品定价，在和客人交流的过程中学会了“讨价还价”，而且因为自己实实在在地参与了，知道了挣钱的不易，花钱也变得有计划、有取舍，不像以前看到什么都想买。摆摊的过程会遇到很多突发状况，孩子们处理这些状况的时候，其实也是财商培养的过程。比如有一次，一个客人买的东西价格是 6 元钱，但是这位客人提出了一个问题：“如果我用现金支付，可不可以只付 5 元？”客人的理由是微信支付的钱如果要取出来会产生手续费。孩子当时一头雾水，在对方解释之后，他才知道了提现手续费的存在。

还有一次，孩子们在摆摊的时候被旁边摊位的套圈吸引，带着自己刚赚到的 2 元钱想去玩，但是摊主说：“2 元钱不能玩，只能 10 元五次。”看着孩子们沮丧的表情，这个朋友和孩子们一起想办法做了两个圈圈，然后把自己带去卖的小东西摆在地上玩套圈，孩子们定价“2 元一次，10 元六次”，结果不但自己玩过瘾了，而且生意比之前直接卖商品的时候更好。

不同的经营方式能带来不同的效益，孩子们在实践中体验到了，纷纷表示以后要想办法多一些经营花样。

金钱游戏六：打工游戏

这个游戏主要是可以让孩子们知道钱来之不易。孩子如果不知道爸爸妈妈每天工作多么辛苦，就不会珍惜，也不懂感恩，更不会有“我以后要辛勤工作赚钱”的想法，那么乱花钱的现象就很容易发生了。

打工游戏就是通过模拟父母的工作场景让孩子体验钱来之不易。可以参与爸爸妈妈一天的工作，也可以安排孩子参与其他工作。玩这个游戏前，最好能先带孩子们了解现实生活中每项工作的大致报酬，以此来设置打工的工资。如果之前玩过猜价格游戏、超市采购游戏，孩子自己就会有个初步的对比：我做什么工作，一天可以买到哪些东西。这样才会更深刻地知道赚钱不易，要理性花钱。不同的劳动可以获得不同的报酬，孩子们会在观察中发现哪些工作的报酬更高，说不定还会激发他们好好学习的动力。

生活中的金钱游戏还有很多，父母可以从小多陪他们做此类游戏，在游戏中帮助孩子树立财富意识，培养孩子的财商头脑。只要父母有心，开动脑筋给孩子创造机会，生活中就处处有财商教材，培养孩子的财商头脑就不是那么困难的事情了。

财商教育锦囊

如何打造孩子的财商头脑？

1. 收集财富信息。家长可以把自己了解到的财经新闻，转化成通俗易懂的内容，讲给孩子听，让孩子保持对财富的敏感性。

2. 学习财商知识。家长可以引导孩子阅读一些提高财商的书籍，教孩子基础的理财知识。

3. 实践赚钱能力。家长要鼓励孩子的挣钱意识，引导孩子思考自己能为他人做些什么，从小培养孩子的商业头脑。

从小培养孩子对数字和逻辑的兴趣

财富的概念不仅仅是金钱的往来，财富更源于你对生活的观察。只要有心，财商教育在生活中无处不在，聪明的父母要善于抓住机会。从小培养孩子对数字、对逻辑的兴趣，是犹太人头脑“精明”的根本原因。

我小的时候，爸爸带我去菜市场买菜，都会先算好当天要花多少钱，再有目的性地挑选。现在不少家长觉得自己口袋里有的是钱，买东西从来不事先计划。试想，孩子在这样的环境熏陶下长大，可能会有好的财富观吗?

举个例子，我家要买空调的时候，我会带孩子一起先计算房间的面积，然后决定要买1匹的还是1.5匹的。装好之后，我会带孩子一起计算一天开几个小时合理。作为家长，我们要教会孩子认识财富、管理财富，培养孩子节俭的习惯。我女儿现在放假回家，我都会告诉她，房间装的是1.5匹的空调，我会建议她先在我的房间坐一会儿，准备回自己房间前再去把空调打开，然后在离开房间前半个小时就把空调关掉。你只要提醒下孩子，他下次就会注意了。如果你从来不提醒，孩子就会理所当然地花家长的钱。

◎ 沙拉和孙女

我带我孙女坐公交的时候，我们会事先研究路线，看怎样换乘是最经济的路线。古代的圣人告诉我们："不积跬步，无以至千里；不积小流，无以成江海。"几块钱长期积累起来，就会变成很多钱。现在很多家长根本不会这样做。如果你看不起几块钱，可能就错失了拥有更多钱的机会。在计算的过程中，提升孩子对数字、对逻辑的兴趣，孩子的财商观念也会渐渐养成，这是渗透在生活中的财商教育。

有些家长会说孩子不喜欢这样事事计算，觉得就几块钱的事情，没有必要算。这个时候就需要父母想办法了，比如给予孩子一定奖励，把孩子经过自己思考、计算、安排节约下来的钱，作为奖励给孩子。财富有时是一种推手，推动我们的孩子去赚钱。有了奖励机制的激励，孩子会越来越喜欢合理计算安排。孩子思考、选择、计算的过程就是一个孩子成长的过程。

再举个例子，搬家与整个家庭的财富管理相关。搬家之后，家具摆放也是一门学问。我当时搬家的时候，是让孩子们先量好房间的面积尺寸，再把所有的家具量好尺寸，然后按比例缩小，用硬纸板做好模型（锻炼孩子的动手能力）。接下来，在一张 A4 纸板上反复试放，规划出家具要怎么摆放更加合理、更加舒适。现在不少家长喜欢给孩子报很多补习班，却忽略了生活中的学习。其实摆放家具的过程就是一个很好的运用数学知识和模型计算的过程，孩子们需要反复测量、反复计算，才能找到最合理的摆放方式。单纯靠感觉是不行的，感觉永远不如数学计算的精确。在实际搬家具的过程中，也会遇到各种问题，比如角度不对放不进去。这个时候就要根据实际情况反复尝试，是横着进去还是竖着进去？需不需要把旁边的家具先挪开？这些问题的解决就需要空间观念和财富观念。如果孩子从小就跟着爸爸妈妈解决生活中遇到的难题，那他即使没有系统学习过财富课程，他的财富观念也不会太差。

我之所以让孩子们和我一起搬家整理，主要是想培养孩子们的责任心和家庭意识，让他们愿意为这个家尽自己的一份力，在参与家庭事务当中培养他们的财富观。**我在潜移默化中传递着我的财富观——空间也是财富，怎么样才能拥有更多的空间，让空间利用更合理。**家具摆好了，我们还可以在地上放一块地毯，让孩子们在地上玩，合理利用地面空间。经过和孩子们一起测量、计算、分配空间，每个人都有自己的空间，也有了大家一起学习玩耍的空间。孩子们参与了整个过程，对自己的家更有归属感，精打细算的兴趣也增强了。给孩子一个契机、一个空

◎ 沙拉参加讲座后与家长、孩子交流

间，让他有兴趣去做事情，这是不少家长常常忽略的。孩子们的兴奋点不完全在他的功课上，还在他的生活和实践中。在生活和实践中，孩子们能够收获到的东西并不会少于课本。

一些家具是要拆开以后才能搬，有些家长就会说："哎呀，千万别拆，一拆就坏。"如果家长设置很多障碍，把问题想得很严重，孩子就会被影响，止步不前。我一直相信，在生活和人生道路上，成功和失败都是财富。

我们生活在这个世界上，不仅要关注自己的财富，也要关注整个社会的财富资源。我这样说，也一直这样做。有段时间，太阳已经升得很高了，有一条街上的路灯却还是亮着的。我马上到相关部门反馈，直到他们把路灯关了。还有一次，我入住成都一家酒店。酒店房间看上去还不错，但是细看会发现很多细节问题：灯泡不亮，浴室的下水道有点堵，马桶的水一直在流。很多人会想，这又不是我家，关我什么事?当你看到公共场所马桶的水一直流却熟视无睹，你的孩子长大遇到同样的情况也会当作没看见。不过，一个有财富观念的人就会明白，这是人类的资源，我不能浪费。这是一种责任感，也是一种大财富观念。不浪费水资源、随手关灯、理性消费都是我们可以做到的理财方式。于是我立马打电话给前台找人来维修。

财富观重在心里。财富观绝不可以就财、富两个字拆开来讲，社会在前进，孩子们再也不会坐在高高的谷堆上，听爸爸妈妈讲过去的故事。现在的故事是什么呢？大家非常焦虑地关注孩子们的学习、高考、竞争、就业、房价和房贷，这是我们那个年代没有的。但是如果这些东西过多占据我们和下一代的生活和心灵，我们的生活节奏就会被打乱。作为家长要善于分辨，教孩子如何守住自己的内心。只有内心坚定，才能在财富的路上走得长远。

▶ 财商教育锦囊

《塔木德》中的财富格言

1. 宁可一辈子只吃洋葱，也不愿为了饱餐一顿鸡鸭鱼肉而让其他日子挨饿。

2. 上帝把钱作为礼物送给我们，目的在于让我们购买这世间的欢乐，而不是让我们攒起来还给他。

3. 当用则用，当省则省。

4. 赞美有钱的人，并不是赞美人，而是赞美钱。

5. 独特的眼光比知识更重要。

6. 生而贫穷并无过错，死而贫穷才是遗憾。

7. 别想一下就造出大海，必须先由小河川开始。

8. 在别人不敢去的地方，才能找到最美的钻石。

9. 借钱给朋友，将以失去友情作为利息。

10. 失去金钱，只是失掉半个人生，但失去勇气，整个人生都失掉了。

让孩子“当一天家长”

你会让十岁的孩子看家里的账目、参与家庭建设吗？你的孩子了解你一天工作都做些什么吗？以色列父母让孩子学习文化知识之前，都会让孩子先做家庭的小主人。

就拿我们在谢莫纳小镇上的一家犹太邻居来说吧。我们家住三楼，隔壁那家经济条件不错，因为房子正在装修，临时租借了我们隔壁的房子住。尽管经济上挺宽绰的，他们家仍然让十岁的儿子看家里的账目，这个举动让我非常惊讶。十岁的孩子怎么看得懂呢？看懂了又如何？孩子又不会赚钱啊。让孩子知道在现阶段日常生活要花掉多少钱，让孩子明白家里需要很多钱来付账，这有什么意义呢？我充满困惑，问邻居："为什么要这样做呢？"邻居解释给我听，原因在于他们想让孩子明白谁都喜欢玩，喜欢过好日子，但这需要你接受良好的教育并获得好的学业成绩，有工作和生存的能力，才能得到自己想要的自由和玩具。让孩子知道家里装修到底会花多少钱，能让孩子明白钱的价值及如何管理金钱。让十岁的儿子看家里的装修账目，就是一种让孩子了解家情的教育法——首先要了解，才会珍惜。

在以色列的学校里，有一个社会调查活动叫"爸爸妈妈的一天"。我曾经在很多场合向中国的爸爸妈妈们以及学校推荐这项活动，它的确能让孩子对爸爸妈妈、对家庭有更深刻的了解。学校说，举办这样的活动是因为很多孩子不知道爸爸妈妈每天都做些什么事情，也不知道爸爸妈妈的工作到底需要怎么做，所以也不了解爸爸妈妈的辛苦，于是决定举办这个主题活动。多年的活动效果表明，让子女看看爸爸妈妈一天都做了些什么，比任何说教更有效。如果让孩子看到做工人的父亲晒了一整天的太阳，如果让孩子跟在厨房里看着做厨师的母亲在灶火前汗流浃背，如果让孩子跟着做店员的家长在百货公司里站一天站到脚肿……也许你家就不会再出现"啃老族"了。

我儿子所在的中学就曾经组织过这项活动，调查爸爸、妈妈从早晨起床到晚上就寝前所做的事情，这让儿子和他的同学感触颇深。儿子回来跟我说，在总结课上，好多同学都哭了，他们没想到爸爸妈妈挣钱原来这么不容易。一个曾经跟妈妈要名牌溜冰鞋的同学，在他亲眼看到妈妈在嘈杂的机器声中忙碌的背影后惭愧地说："调查那天，我看到妈妈的胳膊都累得抬不起来了。"他为自己平时不珍惜妈妈的劳动果实而惭愧。

即便没有条件举办这样的活动，父母也要常在日常生活中通报家庭情况，给孩子创造了解家庭的机会。

我在教育三个孩子的过程中，曾给他们制定了一张值日表，值日表规定了谁哪天洗衣服、做饭、打扫房间。为此，我和孩子们还设定了"值班家长"制度。

"值班家长"的三项任务分别是：搞好家里的卫生，拖地、洗碗等；安排一日三餐；安排家人一天的活动，如外出游玩、走亲访友等。本来我还担心他们会不适应，结果我的三个孩子在当"值班家长"的过程中都做得有模有样。老大担任"值班家长"的第一天就早早给家人准备好了早餐，懂得了要注意节约用水等很多细节。我的三个孩子很好地完成了任务，他们还在这个过程中摸索出了很多生存的本领、理财的技巧以及做人的道理。

"当一天家长"的目的不是让孩子替家长做多少事情，孩子自己也知道，其实有很多事情是他们不能替家长做的。**"当一天家长"是让孩子提前体验家长的生活，了解家长的辛苦，学到生存的本领，增强家庭责任感。**没当过"家长"的孩子或许不会明白赚钱的辛苦，不知道如何在家庭中理财，不会与人相处等生活技巧，做"家长"就是要让孩子明白这些，才不会对父母的辛苦视而不见，才不会把父母的辛苦照顾看成是理所当然。站在家长的角度来审视家庭一天的生活，孩子会试着规划家里一天的开销，更好地学到生活中的理财知识，培养自己的财商，做个理财高手。

适当地通报家里的情况不是坏事，只要你迈出一小步，孩子就成长一大步。自从我跟孩子通报家里的情况以后，孩子了解了家里的状况，觉得妈妈一个人持家很辛苦，突然就变得懂事了，有时会尽自己的能力帮我减轻负担。因为有了知情权，有了发言权，成为家庭的一分子，孩子会非常积极。**孩子的家庭归属感和责任感，都源自知情和你对他的儿童本位的尊重。**

你适当地通报家里的情况，比如家里没钱了，家里遇到事了，家里困难了，这些都会培养孩子的责任感和主人翁意识。有些家长特别喜欢“打肿脸充胖子”，倾家荡产也得为孩子铺平道路。这种所谓的铺路，其实根本不是爱孩子，而是在害孩子。家长适当地表现出脆弱的一面不是坏事，生病时让孩子给你倒水、给你拿药，对孩子转变视角、认识世界都有好处。**有偿生活机制不是让孩子给我们赚钱，而是让我们的孩子懂得劳动的内涵，调动他们的生存积极性，帮助他们树立生活理想，培养他们的责任心，这才是我想要的。**

“不要将应付的报酬留到第二天早上”，这是犹太家长有偿生活机制的基本法则之一。我每天都把孩子应得的那份分给他们。手里有了妈妈按劳支付的零花钱后，孩子们并没有拿着钱去胡乱消费，而是帮着我支付家里的生活费用。有时好几个月我也没看见电话费单子，我还打电话问过电话局怎么没有邮寄单子给我们。“已经付了！”对方立马回答。经过几年的锤炼，我的儿子以华和辉辉不再是初到以色列时那两个衣来伸手、饭来张口的男孩子了。过去，我老是把他们“关在笼子里”，他们也就觉得自己是笼子里的鸟，应该被喂养。现在，他们见家里什么东西用完了就会悄悄地买回来补上，家里的大小日用品，从油盐酱醋、牙膏、洗衣粉，到冰箱里的食物，几乎都是他们自己买的。他们说，每当在缴纳水电费或者购买日常用品时，就想到自己能为母亲分担、能为家庭做贡献，心里就产生一种成就感与满足感。

有一次我看着冰箱里满满的食物，非常感动地对他们说：“妈妈对你们做的事无限感慨，深切希望你们将来一直能这样：不因为大事还没做成，就不做小事。你们做了这么多精致的小事，妈妈深信你们将来一定会有所作为！”为什么？因为，他们不仅懂得顾家，也懂得立即支付的道理。

当前中国有65%以上的家庭存在“老养小”的现象，三成的成年人基本靠父母供养，不少人都在高喊：“谨防养儿‘啃’老！”这个现象颠覆了中国人多年来养儿“防”老的观念！你自己的钱愿意节省出来留给孩子花，这本无可厚非。但我喜欢长辈给孩子锦上添花，而不是给孩子雪中送炭，孩子一有困难马上给钱帮他，下着雪你给他送炭，他怎么会知道冷呢？我喜欢孩子在困境中自己努力闯出来，没有必要在孩子成长过程中给他扫清所有的障碍。有句著名的诗："不经一番寒彻骨，怎得梅花扑鼻香？"梅花如此，孩子亦如此。

让孩子参与家庭建设，远离"满足"陷阱，他才有机会成长为一个真正的人。

此外，我们必须让孩子知道，每个人都有自己的位置和责任。你看过电影《罗马假日》吧？很多人只关注了其中的爱情和风光，但是我却看到了一个人的责任感。当公主有了一天完全自由的日子，她离开了皇宫，走入了平常人的生活，她享受着这种生活，她也会陷入爱情。但是当她清醒的时候，她明白自己有更多的责任和担当，于是她选择了回归。当大臣问她这一天都做了什么时，公主回答："如果我的心里没有我的国家，我的心里没有责任感，我就不会回到皇宫了。"正是因为她有这份责任感，才有可能管理好自己的国家。

而我们普通人也需要有责任感，才能理好自己的财，理好自己的人生。

▶ 财商教育锦囊

犹太人给孩子的八个忠告

犹太民族的优秀和他们出色的家庭教育分不开。下面这八句话，是对犹太人教育精华的总结。

1. 知识和智慧是谁也抢不走的财富，任何时候都要重视学习。

2. 和什么人交往，你就会成为什么人。

3. 学习需要不断地重复和巩固。

4. 每个人都是独一无二的，要相信自己。

5. 付出终会有回报，要善于等待，不要急于求成。

6. 如果遭遇失败，一定要找出原因并避免同样的错误，这会让你收获很多。

7. 养成善于提问的好习惯，有自己独立的思想，不人云亦云。

8. 时间就是金钱，一定要珍惜时间，学会合理安排时间。

比起当富豪，我更想当一个富豪的妈妈

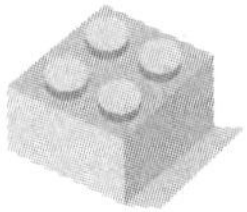

在犹太人的家庭里，任何东西都是有价格的，每个孩子都必须学会赚钱，才能获得自己需要的一切。一开始，我觉得这样的教育手段比较残酷，不是那么容易接受。但是，孩子们在学校也被灌输着这样的理念。他们比我更容易地接受了这种犹太法则。于是，我决定改变以前在国内对孩子们的态度，试着培养他们成为犹太人。

首先，我们家确立了有偿生活机制，家里的任何东西都不再无偿使用，包括我这个母亲提供的餐食和服务。在家吃一顿饭，需要支付给我100雅戈洛*的费用，洗一次衣服需要支付50雅戈洛……在收取费用的同时，我提供给他们赚钱的机会，我以每个春卷30雅戈洛的价钱批发给他们，他们带到学校后，可以自行加价出售，利润部分可自由支配。

第一天下午回来以后，我得知三个孩子卖春卷的方式竟然截然不同：老三比较老实，按照老价钱，50雅戈洛一个零售，赚到了400雅戈洛；老二则使用了批发手段，以40雅戈洛一个直接将春卷全部卖给了学校餐厅，尽管只有200雅戈洛的利润，但他告诉我餐厅同意每天让他送一百个春卷去；老大的方式比较出人意料，他在学校举办了一个主题为"带你走进中国"的讲座，由他主讲中国国内的见闻，听众还可以免费品尝美味的中国春卷，但是需要买入场券，每人10雅戈洛，每个春卷都被他精心分成了十份，他接待了二百个听众，入场券收入2000雅戈洛，减去500雅戈洛场地费后，利润是1500雅戈洛。除了老三的方法在我意料之内，老大和老二的经营方式都超出了我的想象。我真的没有料到，只在短短数日之间，以前只会黏着我撒娇的孩子竟摇身一变，成了精明的小犹太商人。

当我们家的资金越来越丰富的时候，我们一家四口合资开办了我们家的中国餐厅。我占40%股份、老大30%、老二20%、老三10%。当我们家的餐厅越来越有名的时候，我也得到了很多关注。当获得当时的

---

* 雅戈洛：以色列货币单位，1元人民币约兑换50雅戈洛。

以色列总理拉宾的接见后，我成了以色列的名人。此时的我已经完全掌握了希伯来语，再加上我的母语中文，我最后被以色列国家钻石公司邀请担任驻中国首席代表。

我发现很多父母都处在一种左右摇摆的矛盾心态中，既希望自己的孩子将来能成为大富豪，却又似乎害怕孩子过早地沉迷于金钱。这就好像既希望孩子将来能有个幸福的家庭，却又害怕孩子现在会早恋一样。这是一种典型的“叶公好龙”。犹太人用敲击金币的声音迎接孩子的出世，而中国的有些父母，哪怕心中对金钱憧憬无限，也从来不肯挑明这个话题。这句话很难说吗？其实只是简单的一句：“孩子，我想当一个富豪的妈妈……”

中国人常说“穷人的孩子早当家”，还有人说现在的孩子之所以不求上进是因为生活条件太好。其实，来自贫困家庭的孩子未必都有出息，来自富裕家庭的孩子也未必都没出息，关键在于家长如何引导，如何运用智慧对孩子进行正确的财商教育。

儿子在国内的时候，读书也很认真，可以说是一门心思读书。但是其实那时候的他们是被动地在读书，只是觉得读书是他们该做的事情，从没想过为什么要读书，也没想过读完书之后要做什么。去了以色列之后，跟着我一起做春卷生意，受到周围同学的影响，他们也开始思考自己的人生了。

有一天，开窍了的儿子跟我说：“妈妈，我每天出去观察、寻找，会给自己定个指标。我不是要赚钱，不是要达到某个数字，而是一直在思考自己应该钻研哪个行业，希望自己每天的时间过得有价值。”钻研是犹太人的成功之道。我分析众多犹太商人的成功之路，发现他们大多是先通过钻研成为某一行当的行家而后以之起家的。在以色列，与犹太商人打交道你也会发现，他们知识面很广，眼界很开阔，不愧是一个拥有几千年辉煌的商业智慧和丰富的商业实践经验的民族。

带着三个孩子从上海到了以色列，这一去就是十余年，我三个孩子的青少年时代都是在以色列度过的。将相本无种，赚钱没有年龄的限制，我的儿子们是典型的“70后”，他们没有家财万贯的父母，也没有有权有势的亲戚，按他们的年纪，他们也买不起上海的房子。但我的小儿子在读大学的时候就是崭露头角的钻石“小犹太”，他运用他从小学会的投资理念，加上及早养成的一流专业技能，成为全球为数不多的完美切割钻石生产商，在全球四百多个国家设有分公司，自行创业就获得人生第一桶金，在三十岁前就实现了成为富豪的梦想。

我的孩子们在跨国教育下长大，经历了从中国式教育到犹太式教育的转变，他们的本性没变，惰性和依赖性却很快地从身上消失，日月锤炼，我看见了我的孩子成为敢想、敢闯、敢做、敢当的人，看到我的孩子从一个普通的大学毕业生到成功的钻石商人的成长历程。

我想让天下的父母们知道，爱孩子并不是看你能给他多少锦衣玉食，而是看你能不能发掘出他的生存技能和财商素质。单单给了孩子房子、车子，这也许能让他少奋斗几年，但是，他们并没有获得真正意义上的自主能力，他们也感受不到创业是多么幸福的事情，自己积累财富是多么开心的事情，父母们这样做，实际上是剥夺了孩子的生存战斗力。

我已成功地成为富豪的妈妈，如果你也想如此的话，你也可以从小告诉孩子："我想当一个富豪的妈妈。"接下来的问题就是，你有能力把儿女培养成富豪吗？很多人富不过三代，主要是因为第一代拼了老命积累的财富，因为没有给予子女财商教育，家族也没有财富教育的基因，往往到第二代就被败光了。我会送孩子去打工，因为我要让他们知道生活的艰辛和生存的法则。我的孩子们都在以色列服了兵役，且都是模范战士，这是我最大的骄傲，因为我把他们教育成为勤劳、勇敢的人。我的孩子在以色列任官职时，我要求孩子把中国人的道德文明展示给以色列同胞看，我让他们成为典范。我把儿子送回中国读书，因为我要让他们也具备中国的文化涵养，我积极地培育子女成才致富！

富人之所以是富人，源于他们的赚钱欲望。所有富人的共同特征都体现为强烈的赚钱欲望。这是支撑他们最终成为富人的强大力量。赚钱欲望来自花钱欲望，所以，孩子想要拥有东西是好事！接下来只要引导他们通过自己的努力去拥有，而不是父母自动地帮他们满足。努力的父母鼓励孩子的赚钱欲望，愚笨的父母打压孩子的物质欲望，打造一个未来的穷人。富人与穷人的一个很大区别在于：富人把欲望用来赚钱，穷人把欲望用来花钱。

不少父母想把遗产留给孩子，认为这样孩子就不会过穷苦的生活。殊不知，被父母培养得没有赚钱欲望只有花钱欲望的下一代，很快就会把钱花完，成为穷人。那我们应该怎么做呢？快速赚到最多的钱，合理利用金钱，然后使金钱产生的利益最大化。

▶ 财商教育锦囊

培养孩子的富人思维

1. 富人做得多，穷人说得多。

2. 富人向前看，穷人向后看。

3. 富人独立思考，穷人亦步亦趋。

4. 富人用钱生钱，穷人用劳动力换钱。

5. 富人喜欢投资，穷人更爱存钱。

6. 富人惜时如金，穷人消磨时间。

7. 富人改变自己，穷人抱怨环境。

8. 富人为失败找原因，穷人为失败找借口。

9. 富人拥有持久的热情，穷人三分钟热度。

10. 富人遇到困难越挫越勇，穷人失败后一蹶不振。

11. 富人认为机遇需要自己寻找，穷人认为机遇可遇不可求。

12. 富人经营自己的长处，穷人批评别人的短处。

13. 富人开创自己的道路，穷人走别人走过的路。

14. 富人追求精益求精，穷人容易得过且过。

15. 富人为自己工作，穷人为别人打工。

2

第2章

让孩子做金钱的主人

把零用钱还给孩子

每个孩子都该拥有自己的银行账户

“5W”法，教孩子区分“想要”和“需要”

让“豪门”不出败子

磨难也是生命的财富

如何平衡物质财富与精神财富？

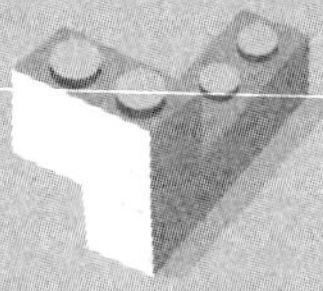

把零用钱还给孩子

一个拥有高财商的人，对金钱有足够的把控能力。不然，就算有机会获得大量金钱，也会因为对金钱把控不住，被金钱控制，最终变得一无所有。

在幼童时期，财商训练要由零用钱管理开始。对孩子们来说，零用钱是他们自己拥有的，最早能够自己支配的金钱。培养孩子把控金钱的能力，零用钱是一个很好的起点。所以，父母要把零用钱还给孩子。

以色列小朋友三岁的时候就开始辨认钱币了，七岁的时候就知道看商品的价格标签，由此判断自己是否有购买的能力，八岁的时候就想办法自己挣零用钱，九岁就可以和商店讨价还价，十二岁有节约意识，十二岁以后则能完全参与成人社会的商业活动和理财活动。

犹太人在孩子零用钱上做的“功课”很值得大家学习。与大多数中国家长给孩子零用钱但不给予指导的做法不同，以色列的家长给孩子零用钱后，还会指导孩子如何使用零用钱。

犹太富豪的孩子们不但没有从小享受富裕的生活，连零用钱也得来不易，甚至得通过干活来赚钱。从小记账的世界富豪洛克菲勒，家庭财力远非普通人家可比，但他对儿女的日常零用钱却十分“吝啬”，规定儿女们的零用钱按照年龄发放：七八岁时每周30美分，十一二岁时每周1美元，十二岁以上者每周2美元，每周发放一次。

他还发给每个孩子一个小账本，要求他们记清楚每笔支出的用途，再次领零用钱时交给他审查。钱账清楚、用途正当的，下周还可递增5美分，反之则递减。这让孩子从小就掌握记账的本领，懂得用钱的艺术。

洛克菲勒真是聪明，连给小小的零用钱都有科学管理的方法。反观不少国内的父母，虽然家庭条件一般，给孩子零用钱时却毫不吝啬，而且对孩子的零用钱怎么花没有要求、没有指导，让孩子觉得拿父母给的零用钱去买零食或者玩具是理所当然又理直气壮的。

当然，洛克菲勒的这套管理方法是随物价及时间不同而调整的，到了孙子辈，洛克菲勒对孙子约翰零用钱的管理有以下几条细则：

1. 约翰的零用钱起始标准为每周 1 美元 50 美分；

2. 每个周末核对账目，如果当周约翰的财政记录让家长满意，下周的零用钱上浮 10 美分；

3. 至少 20% 的零用钱要用于储蓄；

4. 每项支出的记录都必须清楚、准确；

5. 未经爸爸妈妈同意，约翰不可以购买昂贵的商品。

这样的财商教育是非常科学的，这样给孩子零用钱，有助于让孩子从小知道规划自己的钱，学会理财。

在以色列，不管是富豪家庭还是普通家庭，父母都会对孩子零用钱的使用给予规划和指导。根据我多年在以色列的经历和见闻总结，犹太孩子使用零用钱通常有下面几种做法。

第一，合理地消费掉一部分零花钱。

以色列的小朋友不会把所有的零花钱都储存起来，放在储蓄罐里或者银行账户上。他们会拿出一部分钱来购买自己喜爱的零食、玩具或者衣服，即我们平时所说的满足愿望和目标。但是在购买之后，他们会跟家长有一个交流的环节，比如这笔消费是否合算、合理、有必要，自己是否满意，以后再消费的时候可以借鉴哪些经验教训等等。我觉得这是很重要的一个环节，也是中国大部分父母最容易忽视的一个环节。这个环节如果实施得好，就是在日常生活中对孩子最好的财商训练。

以色列的孩子在使用零用钱上还有一点很值得借鉴，他们会给自己买许多书，这源于他们从小爱看书、爱买书的习惯。以色列的小朋友用他们的零用钱购买大量的书籍和报刊来阅读，即使是最节俭的犹太家庭也不例外。每到以色列的休息日，所有的娱乐场所全部停止营业，甚至商店、饭店也都关门，只有书店还在营业。人们去书店看书、买书，或者在家里看书，这样的传统让以色列的孩子养成了爱看书的习惯，愿意花零用钱去买书，而从书本上获得的知识总有一天会转化成财富。因为，智慧才是永恒的财富。

第二，给孩子设立一个自己的银行账户。

以色列的小朋友六岁就开始学习攒钱，八岁就懂得在银行开户存钱。他们给自己存钱的目的就是在将来需要的时候能用到，为将来做好保障。他们从小学会明智、科学地理财，而不是机械、盲目地花钱。他们明白，如果将来想拥有更有价值的东西，现在就得放弃一些价值不大的东西。如果过度消费，提前支付未来的钱，就得为自己的行为吞食恶果。

第三，设立“收支账本”。

以色列的小朋友通常会为自己的财务状况设立一个“收支账本”，在收支账本上面记录每一笔收入和支出的情况。一段时间之后，他们会拿出账本看看支出的费用主要用在了哪些地方，有哪些费用是可以省去或者能够减少的。经过这样一个对金钱的“反观”环节之后，他们可以在下次使用零花钱的时候更合理地消费。

第四，通过劳动挣得零花钱。

以色列的小朋友五岁就懂得：钱是通过劳动获得的报酬，他们不会一味地找家长要零花钱，而是尽可能地通过自己的劳动来挣零花钱。

虽然犹太孩子也有自己的零花钱，但是在他们学会理智地控制金钱之前，父母会指导他们使用零花钱。如果家长发现自家孩子胡乱购买不需要或不合算的物品，他们会与孩子商议其独立账户必须保留的金额底线，然后一起制定短期的储蓄目标和消费目标。要是在这段时

◎　沙拉参加宜信财富传承峰会

期，孩子因受到其他东西的诱惑而没能“挺住”，那么他就必须为自己不太合理的花销负责。这样做的好处是从小就培养孩子们“量入为出”的理财意识，在消费的同时，也考虑到自己未来的花销和长期的规划。

零花钱如果在父母的指导下使用得当，是可以让孩子获益匪浅的。

我的小女儿从小看着我把家里管理得井井有条，对经营一个家庭充满了好奇。于是，她用自己的零用钱买芭比娃娃。当她有了第一个芭比娃娃后，我用芭比娃娃来教她学希伯来语，女儿兴趣大增，希伯来语水平进步神速。

女儿后来陆续添置了好几个不同角色不同功能的芭比娃娃——芭比娃娃的爸爸、妈妈、哥哥、妹妹等，组成了一个大家庭。在她自己省钱购买的玩具中，我觉得芭比娃娃对她的影响巨大，让她有了家庭责任感和爱心，也让她学会计算怎么花最少的钱让自己的芭比娃娃大家庭更丰富。

女儿在家里选了一个角落，为芭比娃娃们布置了一个舒适的“家”，她把芭比娃娃当作孩子照顾，每天带芭比娃娃做游戏，给芭比娃娃读书，睡觉前还会给芭比娃娃洗脸，然后一排排放好，盖上小被子，跟他们一一道晚安。在“照顾”芭比娃娃的过程中，女儿的自理能力、自律性得到了大大的提升。

目前，中国很多孩子面临的最大问题是如何花零用钱，未成年人打赏网络主播的事情频频发生，有些父母因为怕孩子乱花钱就不给孩子零用钱。犹太父母则认为，剥夺孩子们掌控钱的机会，反而容易让他们养成要花钱就伸手跟父母要、一有钱就赶快花光的习惯，缺乏对消费的规划意识。

孩子的零用钱应该由孩子支配，做父母的不能“越俎代庖”代为管理。当孩子想用自己的钱买一样父母不喜欢或者觉得没用的东西时，父母不要去强烈反对，因为那是孩子自己的钱，他们有决定权。每个年龄段的孩子有自己不同的爱好，父母不喜欢的东西说不定孩子非常喜欢。每个孩子都是一个独立的个体，父母不能把自己的喜好强加在孩子身上。

在孩子的零用钱使用上，父母的定位应该是一个参谋，不替孩子决定，但可以给孩子意见和建议。只有给予孩子充分的自主权，孩子才能在一次次的零用钱的使用和反省过程中逐步提升自己的掌钱能力，才能学会控制金钱。

▶ 财商教育锦囊

世界各国的小朋友怎么用零花钱？

1. 美国：美国孩子的零花钱大多来自孩子帮父母或者他人做事的报酬。孩子要准备账本，有规划地使用自己的零花钱，有些家庭会让小朋友支付自己的电话费、车费以及一部分家庭开支。

2. 英国：英国有三分之一的小朋友将他们的零用钱存入银行或者其他金融机构。

3. 德国：德国家长要求孩子所买的东西必须是安全的、健康的，具体怎么使用零花钱，基本让孩子自己决定。

4. 加拿大：加拿大注重学生社交能力的培养，孩子零花钱的一大用途是给同学买礼物。

每个孩子都该
拥有自己的银行账户

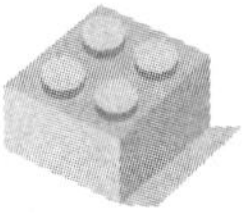

现在不少孩子很会花钱，但是不愿意存钱，觉得存钱很辛苦，这都是父母的教育不当造成的错误观念。

为什么你的孩子不懂得存钱？很简单，因为他没有自己体验过赚钱的不易，对钱没有感觉。零用钱是父母给的，压岁钱是亲友给的，他们根本不需要付出任何努力就可以得到对他们来说数量不少的金钱，根本无法体会金钱的来之不易。如果孩子发现，只要自己一开口，你就会给他钱，也许他这辈子都很难形成正确的金钱观。

万丈高楼平地起，最难的就是起步，做父母的要负责培养孩子从小存钱、珍惜钱的习惯。那如何培养孩子存钱的习惯呢？

每年春节期间，孩子们就会收到不少压岁钱，这些钱该怎么处理？父母没收，还是让孩子自由支配？每个家庭都有自己不同的做法。前面我们说过，父母不该去用孩子的钱，但是一定要给予指导。我觉得小朋友的压岁钱可以拿出一部分用于消费，另一部分用于储蓄。

鼓励孩子存钱，会让孩子从小懂得：财富是积累起来的。积累财富，你的财富才会越来越多，人才会变得富有。这正如我们的祖辈，从无到有、一点一滴积累财富一样，而存钱就是积累财富的过程。重视量的积累，才能有质的飞跃。

现在中国不少银行推出了针对青少年的“儿童账户”。家长们不妨效仿犹太父母的做法，给孩子设立一个专属于自己的银行账户，让孩子从小学会明智、科学地理财。父母可以带孩子一起办理一些基础的银行业务，告诉他们为什么要把钱存在银行里，存款利率为什么会不同，如何填写存单和取款单、怎样汇款等。这个过程，也有助于孩子积累更多财富知识。

如果孩子在存钱后还有很想买的玩具，我们可以鼓励他做一个计划，在下一年拿到压岁钱的时候买，尽量不要去动用已经存在银行的压岁钱。每一年的存款积累到一定数量后，如果孩子对这笔钱有自己的想法，可以把计划告知父母，跟父母讨论，然后再动用这笔钱。

现在不少人把所有积蓄都拿去投资买房，认为投资房地产能保值增值。然而几乎所有犹太人都知道房地产的真谛，房地产里真正保值的不是房子，而是房子下面的土地。所以在西方，房价是作为消费品进入消费物价指数的，不属于投资品，只有土地才算投资品。

很多人可能会说，现在货币一直在贬值，房价一直在上升，但我一直认为要留一部分钱存在银行，因为当你急需用钱的时候，房子没有办法迅速转化成钱，而你存在银行的钱是可以很快取出来的。现金在一定程度上还是有其存在价值的，所以不要一直给孩子灌输买房的观念，因为房子是不动产，不动产变成流动资金需要过程，还会受到一些其他因素的影响。

有些家长可能会说孩子不愿意把钱存起来，因为存在银行看不见、摸不着，还不如买东西更能让自己开心。

其实，唯有让孩子先体验赚钱，他才会愿意存钱。我儿子的第一桶金，就是用小钱一点点积少成多的。他们体验过如何把一个个硬币、一张张钞票收进自己口袋。因为懂得钱的来之不易，所以他们不会嫌弃钱脏或者钱旧，他们会很珍惜钱，不会乱花钱，而且会想办法存钱。

大儿子自己有收入后，会给家人买各种礼物，有一段时间也开始肆无忌惮地追求名牌。看见他开始肆意买名牌，我没有严厉地指责他，而是下意识地与他聊起我们之前的艰苦生活，也会在和孩子们聊天的时候说起一些因为奢侈行为而导致生活不幸的故事。儿子没有让我失望，他领会了我的意思，之后买东西前都会再三思考，确定有必要才买。

我让孩子们从“延迟满足”的理念中，了解到财富流转的规则，起先是在工作中体味到回报与付出成比例，接下来是节俭与存钱才能开始致富。我告诉儿子："把买名牌的那些钱存下来，等到你想投资的那一天，账户一打开，你就有资本！"

这些功课，给儿子的人生带来了巨大的精神和物质财富，帮助儿子的财富从小河川开始，成为一片大海。我想这也是儿子致富的秘诀之一吧。

小儿子杰瑞常说："我要谢谢我的妈妈，她用'延迟满足'的观念来教导我们，让我们把不该花的钱储蓄起来，这样我们才有了人生第一桶金，为今后的发展奠定了基础。"

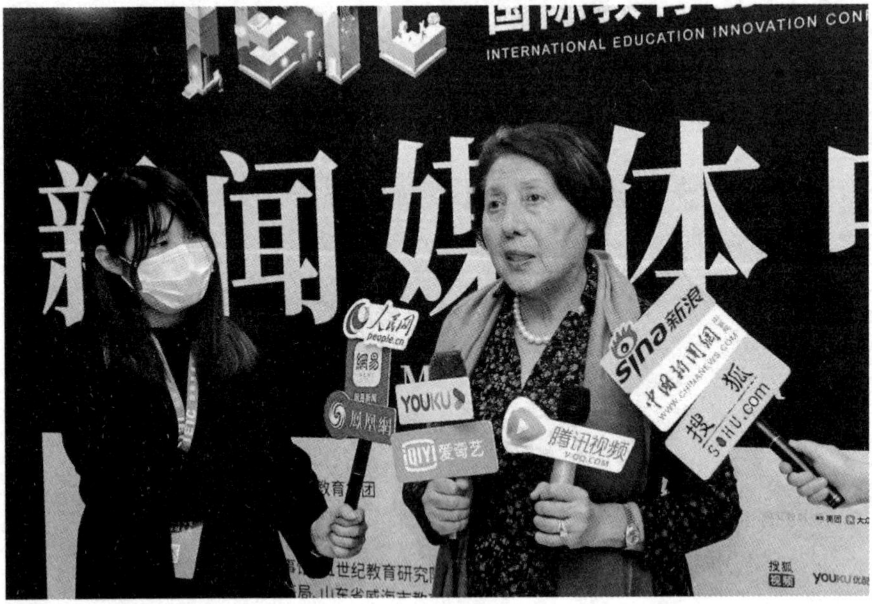

◎ 沙拉接受媒体采访

财富的元素是时间。再小的钱，只要通过长时间的连续滚动，就会变成大钱。既然存钱是一个漫长的过程，就要培养孩子的耐心，让他们习惯“延迟满足”，懂得把小钱攒成大钱。这个道理很简单，不赚钱就没有钱可以存，不存钱就不会有大笔的钱做投资，没有钱、不存钱怎么会成为富翁呢?

三百六十行，行行出状元。在现代社会，各行各业皆可赚钱，而赚多少钱不决定结果，存多少钱才决定贫富。一个很会赚钱的人，如果不会存钱，也会成为穷人。纵观历史，有许多曾经富可敌国、日进斗金的富翁，因为肆无忌惮地挥霍，没有存钱或理财，最终变得穷困潦倒，成为贫困或负债的人。相反，即使拥有不是很赚钱的工作，但是只要你会存钱，积少成多，纵使成不了富翁，也至少不会很穷困。

财商教育锦囊

开设“儿童账户”的注意事项

1. 开户之前，给孩子讲储蓄的意义和存款利息、基金等的相关知识。

2. 了解不同银行“儿童账户”的不同政策和内容，让孩子自己选择去哪家银行开户。

3. 带着孩子一起去开一个独立的银行账户，让孩子自己和银行工作人员交流，家长在一边补充。

4. 不轻易动用孩子银行账户里的钱，和孩子约定好银行账户使用的条件。

“5W”法，教孩子区分“想要”和“需要”

你参与过“六一八”“双十一”的疯狂抢购活动吗？熬夜等到零点拼命地买，买得多真的就占便宜了吗？事后，你有没有算一算这样买是否值得？

我很少参与这种抢购，因为我知道不管是“六一八”“双十一”还是其他的商家促销活动，都是商家吸引顾客的一种手段，一旦你陷入这种氛围，你就会忍不住想多买。可是你要清楚，没有哪个商家愿意亏钱卖东西，消费者是很难算计过商家的。

之所以还是有那么多人抵制不住“低价”的诱惑，大肆购物，就是因为他们没有足够的财商头脑，没有理性的消费观，很容易被煽动。真正有财商头脑的人，不会为了一点儿优惠而买一堆自己不需要或者可有可无的东西，他们会按需购物，而不是按价购物。

现在的物质越来越丰富，商家为了吸引消费者，花样也越来越多，大人都很难控制自己的购买欲望，孩子就更难控制了。如果不想让你的孩子花钱无度，那就要从自己做起，以身作则，并且从小科学引导孩子，培养他们理性的消费观。

孩子想买玩具时

我曾经多次在商场的玩具区看到小孩被某个玩具吸引，父母不买就哭闹撒泼的情况。有些父母会觉得大庭广众之下孩子这样哭闹自己很没面子，就赶紧给孩子买了。有些父母会给孩子讲道理，不过一般没什么效果，在哭闹中的孩子是听不进去道理的。还有些父母会强行把孩子带走。

其实孩子看到玩具就想买是很正常的现象，看到新奇的东西，孩子总是想尝试一下。但是如果孩子看到什么都买，这肯定是不行的，会造成他们不知节制的消费习惯。更何况孩子的新奇感是很快会过去的，买回去的新玩具说不定玩几次就不喜欢了，然后又看上新的玩具，做父母的不可能全部满足。那怎么才能避免孩子在商场为买玩具而哭闹的现象发生呢?

父母在逛商场或者超市前，可以与孩子沟通并列好购物清单，有计划地购物，也可以提前约定好“一次只买一个玩具”；在逛商场时，对于孩子想要的商品，若金额小，父母可以和孩子说，等会儿逛完，可以选一个他最想要的商品；若商品价格超出预算，可以和孩子沟通列入愿望清单。

在我们家，我给小孙女准备了一个小账本，记录她收到的钱以及支出的每一笔钱，列出愿望清单。她有喜欢的东西想要买，我不会马上给她买，而是会让她列在自己的愿望清单里。在她生日的时候，我会让她从愿望清单里选一样，作为礼物送给她。

为什么要列“愿望清单”呢？因为孩子们的欲望很多时候是冲动型的，现在喜欢，过一会儿可能就不喜欢了。孙女的愿望清单里也有不少她自己涂掉、觉得不再想要的物品。

对于孩子们来说，要做到延迟满足不容易，毕竟诱惑就在眼前。聪明的父母在这种时候可以试着转移孩子的注意力，一般来说孩子的专注力都比较短暂，很容易被新的东西吸引，这也是导致他们想购物的原因。但是父母也可以利用这个特点，带他们去看一些新的、有趣的东西，让他们忘记购物这件事。在这里要提醒父母，尽量不要在现场给孩子讲道理劝服孩子，这个时候讲道理经常会适得其反。比较明智的做法是转移注意力，回家后再讨论做出合理的决定。

财商绝不是压抑自己和孩子什么都不要买，但父母要帮孩子区分“想要”和“需要”。“需要”是相对理性的，没有它，也许我们就无法生存，比如空气、食物。“想要”更多的是一种冲动的想法，是被某个物品吸引之后的直接反应，没有它我们也可以活下去，比如玩具、糖果。这种“想要”并不一定经得起推敲，也许多想几次就不“想要”了。

钱是有限的，我们首先要买“需要”的东西，然后再买“想要”的东西。不是所有“想要”的东西都是“需要”的，父母要引导孩子分清“想要”还是“需要”，抑制冲动消费。

如何引导？我给大家介绍一种“5W”法。

What，首先想清楚自己想要买的是什么，这个东西有什么用途；

Why，我为什么想买这个东西，这个东西我是否需要；

Where，去哪里买，哪里的价格更优惠；

When，什么时候买，是急用还是可以等等再买；

Who，谁去买，或者说和谁一起去买。

这个“5W”法不仅仅对孩子适用，对大人也同样适用。买东西前先考虑这五个问题，就能避免很多不必要的消费。

孩子爱攀比时

不少孩子花钱大手大脚，一方面是不知道赚钱的辛苦，另一方面是攀比心作祟，担心在同学和朋友面前丢面子，于是拿着父母的辛苦钱在别人面前炫耀。

有一次，孙女穿了一条新裙子，开心地问我：“阿婆，我这条裙子漂亮吗？是限量款。我们班只有三个同学买到，其他同学都很羡慕我们呢。”

我当时就给她泼冷水了：“孩子，你因为买到了一条昂贵的裙子而被人羡慕，并不是什么值得炫耀的事情，因为别人也有可能买到。你们花父母的辛苦钱来给自己挣面子，这一点儿都不值得炫耀，因为这并不是你自己的东西。只有你的知识、头脑和智慧才是自己的，如果你因为这些被人羡慕才是真的值得羡慕。”

孙女被我说得有点不好意思，当时没说什么。一个月后她突然跟我说：“阿婆，我这次考了全班第一，老师表扬了我，我真开心。上次你跟我说的我想过了，花那么多钱买一条裙子确实不划算，上次同学都去抢购限量款鞋子，我没去。一会儿这个限量款，一会儿那个限量款，哪里抢得过来！”

我大大地称赞了孙女。

现在孩子的攀比现象很严重，但我要说，孩子的攀比行为本质上是家长影响甚至纵容的结果。要培养孩子理性的消费观，父母先要以身作则。随着人们生活条件普遍提高，父母舍得为孩子花钱，不少孩子都穿名牌衣服，全身上下穿戴价格加起来动辄上万元。过生日也讲究排场，包餐厅，请专业人员策划，殊不知这样其实是害了孩子。如果孩子从小在这样的环境下长大，在自己还不会赚钱的时候就学会了享受，怎么能够理性消费呢？家长还可以试着让孩子当“小管家”，给孩子一次做家庭管家的机会，帮助孩子建立有计划的消费观念，让孩子明白每一分钱都有它的用途，而不是用来攀比与浪费的。

识破商家的“套路”

现在不少商家为了增加销售设置了一些“套路”，如果消费者不清楚自己真正需要什么，就容易陷入“套路”。我们要勤于思考，善于分辨，才能识破商家的“套路”。

限量款其实就是商家的“套路”之一，利用“物以稀为贵”激起人们的购买欲望。我很高兴孙女能识破商家的陷阱，没有一直追求所谓的“限量款”。

相信很多人在理发店、美容院、健身会所等地方办过充值会员卡，而且有些人会一次性充值上万元，因为充值金额越大，折扣力度也会越大。我去理发时也遇到过这种情况，理发师跟我聊天，最终目的也是让我办卡。如果你这次不办他们的卡，下次去，他们还会不厌其烦地劝你办卡。有一次，我问他：“你们老板把这些钱拿去干什么了？”他说：“没有，我们只是想留住客人。”我说：“你错了，来这里理发的人，如果喜欢你的手艺，就算不办卡也会来。留住客人最好的方式，就是提供让他们满意的服务。让客人办卡，把收集起来的钱拿去做其他投资，万一投资失败，反而会影响理发店的生存。”

同意办卡的人，首先是被打折吸引。当你一旦被打折吸引，你其实已经被套住了。你不知道这个店能开多久，事实上，他们自己也不知道这个店能开多久。但凡有一点儿财商头脑的人，就会思考：这个打折是建立在什么基础上？比如做一次头发要 500 元，你办了 10000 元的储值卡，他给你打对折，听起来很有诱惑力。店家把办卡收到的钱拿去做其他的投资，一旦投资失败，又没有新客户办卡的话，这个店估计连员工工资都没法解决了，因为已经办卡的客户消费的都是之前付的钱，他们卡里的钱用完之前消费是不需要再花钱的。

我不是反对办卡，而是说办卡须谨慎。办卡有弊有利，具体如何抉择需要你自己的判断。你办了卡，消费时可以打对折。可是我回过头来问你，万一店倒闭了，你放在卡里的钱拿不回来，你能接受吗？

我个人是不喜欢办卡的，每次理发都直接付钱。因为我算了一下，我大概一个半月理一次头发，一年理八次头发。当我把一万元钱放在人家那里的时候，我多了一份担忧。如果我每理一次头发 250 元，我要五年时间才能消费完卡里的一万元钱，我能保证这五年这家店不发生意外吗？而且我有必要预先支付几十次理发的钱吗？

喜欢让消费者充值消费的商家很多，教育培训也是其中之一。曾有一些知名的培训机构突然关门，在父母圈中引起了轩然大波。在办卡、充值之前，大家要好好想一想：是不是需要为了所谓的折扣一次性投入那么多钱？

只有自己保持理性的消费头脑，能够分得清什么是自己需要的，控制住自己的冲动消费欲望，才不至于在物欲横流的社会中迷失自我。

▶ 财商教育锦囊

儿童消费心理的特点

1. 儿童购物的目的性不强，多数是随机的、盲目的。

2. 儿童消费时容易被其他人影响，攀比和炫耀心理是推动儿童购物的重要因素之一。

3. 儿童消费很容易喜新厌旧，欲望很难持久。

4. 儿童消费容易被广告吸引，包括电视广告和宣传牌。

5. 色彩鲜艳的包装和赠送的小礼品会助长儿童的购买欲望。

让“豪门”不出败子

一般人都认为犹太富二代衔着金汤匙出生，必定从小过着锦衣玉食的优裕生活。但事实上，这些有着脍炙人口发家史的犹太富豪，为了让下一代谨记“万丈高楼平地起”，坚决不会让小孩过养尊处优的日子。这是因为他们明白，如果不加以预防，“豪门”很容易出败子。为此，他们想出很多办法，帮助孩子杜绝过早的享受。

有一次，我在特拉维夫市中心医院看牙，正好碰到女儿同学的爸爸也带着孩子在大厅里等候。过了一会儿，女孩闹着要喝饮料。可是，那位父亲没有答应，而是从身旁的自动售货机上顺手拿了一个免费纸杯，接了一杯免费饮用水递到孩子手里。当然，那位父亲并不是买不到饮料，自动售货机正出售一元一杯优惠的可口可乐和橙汁。那是因为他很穷吗？恰恰相反，他在特拉维夫市中心经营一家效益很好的体育用品公司，家里的经济条件很好。这位爸爸到底是出于什么原因这么做呢？他认为普通的水就可以解渴，没必要花钱去买饮料。

不能从小就给孩子过高的物质享受，以免养成孩子挥霍无度的坏习惯。这个爸爸的观念，代表着大多数犹太父母的想法。而在很多中国父母看来，这却是无法想象的事："就一瓶饮料而已，竟然不满足孩子，而是去取免费的饮用水来喝，会不会太过严格了？"

犹太人不会这样想，他们认为人的欲望是无限的，能满足的只有很少一部分，许多欲望是永远无法满足的。因此，他们要孩子从小就懂得：每个人的享乐范围是有限的，花出一块钱，就要让一块钱发挥出百分之百的效用。即使手中的钱再多，也不买不必要、不适合自己的东西。而且，要想满足更加奢侈的愿望、获得更为优越的生活条件，必须依靠自己的努力，不能借由他人的手。

这位爸爸给我的启示是：**越是富有，越是要坚持节俭的习惯。节俭未必致富，不节俭一定富裕不了。**我特别调查过一些富豪的生活，发现很多身家过亿的富豪过着节俭的生活。

因为在这些富豪看来，节俭不是没钱，更多的是一种敬畏和勇敢——对财富的敬畏，对自己内心的勇敢。

回想我们刚到以色列的时候，也是孩子们最痛苦的时候。由在上海的舒适生活，变成在以色列的艰难生存，孩子们一时无法适应。现实迫使我由“富养”孩子变为“穷养”孩子，垃圾桶上的衣服捡回来穿，垃圾桶上的食物捡回家吃……但这就是宝贵的经验。现在回想起来，**其实“穷养”也是犹太人财商教育的一部分，他们有钱但也很节省，对孩子尤其如此。他们秉承着“再富不能富孩子”的原则，把节俭的习惯当成“传家宝”传给下一代。**不可否认，由俭入奢易，由奢入俭难！我们入境问俗，孩子们让我看到了他们克服困境的能力：由奢入俭，他们做到了。

当然，他们能够接受垃圾桶上的衣服和食物，和以色列当地的习俗密切相关。当地人认为这是很平常的事情，所以身处其中的我们也不会觉得不好意思。同时，家长的态度也非常重要，千万不要跟孩子说“我们家很穷啊，没钱啊”之类的话。当时，我借机向孩子们灌输了“敬畏万物”的观念——对大自然中的万物都要心怀敬畏。不管是垃圾桶上的衣服和食物还是摆在店里卖的衣服和食物，它们的作用是一样的，只是得来的途径有所不同，完全没有必要因此而自卑，觉得在同学面前抬不起头。只要是堂堂正正得来的东西，都是值得尊重的。所以，我的孩子能够昂首挺胸地穿垃圾桶上的衣服，在我们生活条件好了以后，还会提醒我把家里闲置的衣服洗干净叠好放到垃圾桶上给其他需要的人。

有些家长可能会说，你那个时候是因为家里经济状况不好，所以才会让孩子吃苦，让他们穿别人不要的衣服。现在生活条件好了，还有必要让孩子节俭吗？

有必要！犹太家长们不管家境如何，都秉持节俭的原则，让孩子从小养成勤俭节约的好习惯，磨炼孩子的意志。

在以色列的漫长生活中，我教育我的孩子勤劳、节俭、朴素。这些词在我生活的年代经常会用，但是到了现在这个年代，我们再讲艰苦朴素，孩子们是没有办法理解的，因为当今社会的物质资源非常丰富，已不是我们当年所处的那个计划经济年代所能比拟的了。那么怎样才能让孩子们能上能下，能屈能伸，这是一个坎儿。那段时间，我利用一切条件改善生活，积极乐观地面对生活。最重要的是，我培养了孩子们能屈能伸、能抗击各种压力的能力，让他们能从容面对生活中的各种磨难、挫折甚至失败。现在回想起来，我很感谢那段艰苦的岁月，如果没有走过那段艰苦岁月，现在我的三个孩子也许没有这么成功。我相信，用微笑面对苦难，最后，苦难也将用微笑回报你！

当我们在特拉维夫的中餐馆生意变得兴隆后，也有朋友说，依你们家当时的经济状况，何必还这么省？何必跟孩子这么过不去？我却认为，正因为家庭境况好了，如果家教理念跟不上的话，一不留神反而会害了孩子。如果我做一个对孩子的欲望全盘满足的妈妈，养成他们只会索取、不懂感恩、不懂珍惜的毛病，即使孩子认为我是天底下最爱他的妈妈，那也是我教育的失败，是对孩子未来不负责任的做法。

当前不少家长在物质上对孩子超量满足，没有条件也要创造条件满足孩子，让孩子不知珍惜物品，更不要说节俭了。养成节俭的习惯，应该由父母做起。当节俭成为一种习惯，会让人受益终身。

即使是家庭富裕的犹太人，也都过着简朴的生活。这不是个例，而是普遍现象。

在我身边，就有很多这样的例子。从小城谢莫纳镇搬家到特拉维夫，我先在一个朋友家落脚，他算是特拉维夫的富人了，独立经营一家

◎　沙拉常带着女儿拜访以色列当地的犹太人

报社，事业很成功。寄住在他们家的一周里，我感触很深，这样一个有着两个孩子的父亲，对公益事业慷慨解囊，对贫困孩子非常怜惜，但是，他对自己的孩子却一点儿也不心疼。当时正赶上暑假，特拉维夫的太阳晒得人发昏。令人想不到的是，在这炎炎烈日下，他的两个孩子，还要骑着自行车挨家挨户去送报纸。家里有个开报社的爸爸，十几岁的儿子还要顶着风吹日晒送报纸，真的很难想象。不仅送报纸，他的两个儿子下午还要去售卖点负责零售，即使遇见了翻完报纸不购买的顾客，也要笑脸相对。忙碌完一天，孩子们傍晚才能赶回家，小脸蛋晒得又黑又亮，不过看起来他们过得很充实。看着孩子兴致勃勃地完成这个任务，这位当报社社长的父亲感到很自豪："送这么多报纸不容易，很早就起床，无论刮风下雨都要去送，可孩子们从来都没有耽误过。孩子总有一天要去更广阔的天地闯荡。为了他们将来能应对挫折，一定要培养他们适应环境的能力。"

有钱却依然节俭，这是很多富豪们的生活状态。

沃尔玛集团的创始人山姆·沃尔顿，在他成了亿元富豪以后仍不改节俭本质。他曾居全美富豪排行榜首位，但他经常戴着一顶棒球帽，穿着一套自己商店出售的廉价服装，开着一辆破旧不堪的小货运卡车上下班进出小镇，车后还安装着关猎犬的笼子，十足一个"乡巴佬"。而且他每次理发都只花当地理发的最低价钱——5美元，如果你就此认定山姆是个"抠门儿"的老头儿，那就大错特错了。他曾经向美国五所大学捐出了数亿美元，并在全国范围内设立了很多奖学金，他只是对自己和家人节俭。山姆的几个在公司任职的儿子也都继承了父亲节俭的习惯，总裁办公室只有20平方米，公司董事会主席办公室则只有12平方米，所以很多人把沃尔玛形容成“‘穷人’开店穷人买”。

另一个有名的案例就是“股神”巴菲特，不管他的财富有多丰富，他一直住在他数年前买的那栋简朴的房子里，开的也不是名车。

还有全球知名的宜家家居公司的创始人英格瓦·坎普拉德，由卖火柴起家，卖过鱼、圣诞树装饰物、种子、圆珠笔和铅笔等，曾经有一年成为全球首富，但他开的也是一台旧车，若不告诉你，没有人看得出他是个富豪。

这些富豪都有着花不完的钱，但是他们还是这么节省。正是因为他们节省，所以才可能成为富豪啊。反观那些“土豪”，之所以会炫富，就因为他们还拥有一个穷人的脑袋。

真正的富豪是低调又节俭的，他们把钱花在最有价值的地方上，这才是真正的富豪心态。他们懂得赚钱的不容易，花钱的简单。他们没有松懈，时刻保持节俭。这些大富豪历经了时代的考验，经过了经济大萧条跟金融风暴，都能够生存下来，而且维持财富的累积，就是因为他们没有在赚大钱的时候乱花钱。

▶ 财商教育锦囊

节俭的富豪们

美国曾经有一家研究机构对六百多名美国富豪做过调查，发现节俭是这些富豪的共同点。不只是美国，世界上很多富翁都过着节俭的生活。

1.“股神”巴菲特日常生活花费不多，从不买奢侈品，没有多套房子，汽车也是很普通的。

2. 脸书创始人扎克伯格爱穿简单的T恤衫、连帽衫、牛仔裤，开的车也不是名车。

3. 谷歌公司创始人布林不喜欢盘子里有剩余的食物，常去会员制量贩店购物。

4. 宜家创始人英格瓦·坎普拉德坐飞机总是坐经济舱，乘公交车。

磨难也是生命的财富

因缘际会，我的孩子的命运是：先在上海被富养，后来到以色列被穷养。非常幸运的是，他们在成年前经历了磨难教育与困境教育。他们能够在困境中成材，且没有成为“啃老族”，源于我采取的以下犹太式家教方式。

1. 让孩子做些力所能及的家务。

2. 对孩子的要求一分为二，对合理的采纳，对不合理的修改甚至拒绝。

3. 孩子有错的时候，放弃责怪孩子是放弃教育的机会。

4. 没有孩子是天生完美的，完美的孩子是在完美的教养方式下产生的。

5. 只是成绩好的孩子将来未必成就高。

6. 磨难教育是一种值得认同的教育理念。

7. 孩子遇到困难时，家长不妨先让他尝试自己解决。

8. 从孩子第一次用哭闹的行为来要挟的时候就不能迁就他，否则他会变本加厉。

9. 孩子是最棒的，这一点你要放在心里。不要频繁、随意地赞美他、表扬他，孩子若习惯了被表扬，一不被表扬就没有了前进的动力。

……

总而言之，就是以困境教育来引领未成年人活出生命的意义！

困境教育，真正实施起来可真不容易。我的两个儿子成长的过程中，一开始家里的经济条件不是很好，他们比较能体会妈妈的艰辛。我在对孩子们的生存教育和理财教育中，更让他们很早就懂得通过自己的智慧和劳动，帮助妈妈分担家庭责任。在小女儿的成长过程中，家里已经过上了比较富裕的生活，所以对她的生存教育就让我感到纠结与矛盾了。但是在认真研究了犹太人的教育之后，我还是决定“狠心”对待女儿，没有对她有求必应。她的要求如果是合理的，我会帮她；如果是不合理、不必要的，我会拒绝。虽然当时的生活条件已经好转，但我还是希望我的女儿能够有面对艰苦条件的能力。这也是我从犹太父母那里学来的。

犹太父母认为，智慧的父母懂得适当地拒绝孩子，不会事事都满足孩子。父母爱孩子的心意是永恒的，但是，这种爱的质量有没有考核标准？犹太父母对这个纠结的问题给出了一个明确的答案——

高质量的父母之爱就是“特别狠心特别爱”，是让孩子终身受益的爱。拒绝孩子的无理要求，让孩子体验困境，也是爱孩子的一种表现。从小在父母的精心呵护中长大的孩子，在独自走向社会后，往往会不适应，就像温室里的花朵经受不住外面的风吹雨打。为了孩子的长远发展，在孩子小的时候，做父母的还是要让他们适当地体验困境。

父母的溺爱和过分保护，最容易消磨孩子的勇气。如果你希望自己的孩子是一条跌倒了会自己爬起来重新开始的汉子，你就要让他自己

◎　在特拉维夫，沙拉送女儿去当兵

面对挫折，在挫折中成长。父母需要做的，不是站在孩子的前面为他挡风遮雨，而是要做孩子的军师和精神支柱。如果你的孩子眼高手低、动手能力弱、依赖性强、缺少自主性、不懂得劳动成果的来之不易、不理解父母的辛苦、没有同情心……那么你的孩子需要的就是"困境教养"。父母要想办法让孩子体验艰苦！

回想1993年，我们家还没电饭煲，有一个周末，突然发现家里煤气灶的打火石打不着火了。在以色列，周末商店都不开门的，什么东西都买不到。所以，那天我们就没法开火了，全家只好都吃冰箱里冷的食物，这次的经历让大家体会到了热食的可贵。只有体验过，才会知道平时习以为常的东西都是来之不易的。就拿去饭店就餐这件小事来说吧，如果孩子在家做过菜，就会珍惜去饭店吃饭的机会。美食的确是一种享受，但家长应该让孩子切身感受到：要想享受美食，就需要付出劳动。让他体验劳动，先拿钱去买食材，然后自己亲手加工，经过几道工序才能变成可以入口的食物。正所谓"吃苦在前，享受在后"。一贯的"饭来张口"，孩子就无法感受到"享受必须靠辛苦才能换来"，而是认为"只需要跟服务员点个菜名，美食就会自动送上来。任何享受都只需索取，不需要付出艰辛的努力"，这对于孩子的成长是十分有害的。

如果孩子要什么就给什么，将来很有可能变成一个"啃老族"。如果要什么都得不到，孩子的心里也会留下阴影。我觉得正确的做法是在没有需要的时候尽量不给，而若是有需要的话，让孩子通过自己的

努力来获得满足，这一点家长一定要把握好尺度。

很多家长会问，现在生活条件好了，还有必要让孩子吃苦吗？我的答案是有必要的，没有苦，也要创造艰苦条件让孩子体验。要知道，孩子长大走向社会之后，是不可能一帆风顺的，总会有一些小挫折、小磨难，如果从小泡在蜜罐里、长在温室里，一旦遇到小挫折，孩子将会不知所措。所以，父母要给孩子体验苦难的机会。

在创造艰苦环境让孩子体验这一点，我对以色列的父母佩服得五体投地。不少中国的父母习惯于把孩子捧在手心，孩子吃一点儿苦、受一点儿挫折都让父母心疼，一家人把孩子当小皇帝一样养着。在去以色列之前，我也是这样的母亲，秉着“再苦不能苦孩子”的原则，虽然家庭条件一般，却没有让孩子吃哪怕一丁点儿的苦。到了以色列，看到不管是富人家庭还是穷人家庭，犹太父母都会有意识地“创造”一些艰苦的环境，苦心孤诣地模拟家庭情境或者送孩子去一些特别的学校吃苦，目的都是让孩子不落入“超量满足”“超前满足”的甜蜜陷阱中，让孩子明白什么是苦难，磨炼孩子的意志，去除孩子的娇气。我当时真的震惊了。

犹太人把这种教育方式称为“模拟家境”，没有条件也要创造条件让孩子体验吃苦，因为他们不想让孩子变成“伪贵族”。犹太人从小受“磨难教育”，认为磨难是可以转化为生命的财富。犹太人经历了那么多苦难依然能创造那么多财富，跟他们接受的“磨难教育”分不开。从小体验过艰苦，就不会轻易被苦难打倒。

在孩子遇到挫折的时候，父母不能“越俎代庖”，但也不要走入另外一个极端，对孩子不闻不问，让他孤孤单单一个人去面对苦难。这个时候，要让孩子知道，不管发生什么事情，父母都在这里，在需要的时候，父母还可以给予适当的意见和建议。我们一定要给孩子勇气，让他敢于面对挫折。要知道，挫折并不可怕，可怕的是失去了面对挫折的勇气!

纵观犹太历史，就可以了解到犹太民族是一个饱经苦难、多灾多难的民族。犹太人经历过惨绝人寰的大屠杀，经历过四处流浪、东躲西藏的岁月，但是，犹太人没有绝望，没有灰心，在苦难中寻找生机，顽强生存下来，并且在艰苦的环境中也不放弃对生活中美好事物的追求，练就了坚忍不拔的性格。经历过这些苦难之后，犹太人已经不怕任何苦难了。为了生存，他们吃尽了苦头、想尽了办法，因此，只要有一点儿机会，他们就能敏锐地抓住，然后像火山爆发一样，做出让世人羡慕的成就。

财富之路也是起起伏伏的，不可能一帆风顺，如果孩子没有抗打击的能力，很难坚持到最后。作为一个合格的家长，要创造条件让孩子知道幸福生活来之不易，钱来之不易，孩子们才会合理利用金钱，既能抵御住浮华的诱惑，又能经受住困境的考验。

▶ 财商教育锦囊

巧用账本，教孩子学会管钱

1. 给孩子准备一个账本，记录自己的收入、支出和结余。

2.“收入”一栏要求孩子标注收入的来源，比如是父母、长辈给的还是劳动挣来的，让孩子知道自己的钱是怎么来的。

3.“支出”一栏要求标注清楚消费的具体项目，让孩子了解自己金钱的去向，总结哪些钱应该花，哪些钱可以省。

4.“结余”一栏要及时记录，尽量保证自己的账户里随时有可支配的余额。

5. 在使用金钱之前先做预算，看看自己是否能负担想要的东西的价格，如果买了自己还剩余多少钱。

6. 账本记录清晰、金钱用途正当的话，可以给予一定奖励。

如何平衡物质财富与精神财富？

有些父母听到我们提倡节俭，立马限制孩子的消费，这也不给买，那也不给买，就怕给孩子买东西会养成孩子肆意挥霍的习惯。这种做法明显是矫枉过正了。提倡节俭并不是让大家不要消费，而是不要过度消费，要在节约和消费之间找到平衡点，让孩子学会选择，有所取舍。

从小被限制消费的孩子，长大后的财商也不会高。我曾经见过有些妈妈不想给孩子买玩具，就跟孩子说：“你就知道买买买，你知道我们赚钱有多辛苦吗？不能总是乱花钱。”父母不能总是在孩子面前“哭穷”，**父母这样的态度容易造成孩子消费的恐惧，容易培养出吝啬的孩**

子。如果父母一直给孩子灌输很缺钱的观念，有可能孩子长大后，不管赚多少钱，心里依然会觉得自己很缺钱，不敢花钱。我身边也有这样的朋友，虽然现在自己有钱了，但小时候父母“哭穷”的烙印还在，于是不敢让自己享受好一点儿的生活。还有些朋友，因为小时候父母“哭穷”，物质欲望一直没有得到过满足，在自己赚钱以后，开始报复性消费，不管自己需不需要的东西，都大肆购买，导致钱月月花光，还过度透支信用卡里的钱。归根结底，这都是父母不当的教育造成的，所以我一直呼吁，父母要给孩子好的财商教育，这直接影响着孩子今后处理金钱的态度。

如果你想培养出宠辱不惊、不卑不亢的孩子，就要记得，不管当下是贫穷还是富有，家里的生活品质不能低。好的生活品质，不一定要花很多钱买昂贵的东西。好的生活品质，最需要的是父母的用心和父母的态度，让孩子时刻感受到爱，内心富足。

在缺衣少食的移民生活初期，我也在不断想办法维持家里的生活品质。没有钱买装饰品，我会让孩子们自己画画，把他们的画贴在墙上当装饰。没有钱去剧院，我会组织孩子们自己表演，在固定的时间和孩子们读诗、唱歌，我们一家人自编自演，自己欣赏，其乐融融。没有钱吃大餐，我会定期带孩子们去公园野餐，在大自然中享受美食。在那段时期，我们的这些小活动让孩子们忘记了暂时的困境，乐观地面对生活。这就是生活品质！不需要花很多的钱，只需要我们付出足够的爱心和智慧。其实这个世界赋予了我们很多好东西，很多是不需要花钱的，如“江上之清风，山间之明月”，我们要教会孩子不管在什么状况下，都享受到美好。

一个精神富足的孩子，长大后才能游刃有余地面对金钱、面对生活，而不是在自己的孩子面前唠叨家里没钱，把大人的苦恼转嫁到孩子身上。我很庆幸自己当时没有“哭穷”，现在我的孩子们个个大方得体，在金钱面前不会抠抠搜搜。

在家里的经济条件慢慢好转以后，我会买些小饰品或者鲜花放在家里，让孩子们一早起来就看到美美的家。我还会带孩子们去喝下午

◎ 沙拉应邀做讲座，倡导“爱是最好的教育”

茶，享受温馨时刻……

不管在什么条件下，我都力所能及地维持着家里的生活品质。我一直告诉孩子们，品质不等于挥霍，好的生活品质是贫困时保持优雅，富有时保持冷静。渐渐富裕之后，我也不赞成孩子们大手大脚随便花钱，我一直是这个态度，钱要花在刀刃上，花在值得的地方。

那么，到底哪些钱应该花，哪些钱不应该花呢?

我会列一个清单，列出家里需要添置的物品，孩子们也列一个清单，列出他们自己需要添置的物品，然后按照需要使用的紧急程度排序。孩子们还有一个愿望清单，那是他们希望得到的礼物，这个清单可以按照喜欢的程度排序，在生日或者新年的时候，我会在他们的清单中选择他们最喜欢的当作礼物送给他们。这个清单的存在是为了告诉孩子们，他们值得拥有自己喜欢的东西。

这就是我对孩子们花钱的态度：不乱花，也不是不花，每个孩子都值得拥有自己喜欢的东西，只是不能过分。

近代知名学者梁启超曾说过：“梁家是寒士家风出身，但寒门家风并不等于寒酸；不能因为节俭而亏了身体，对于学习、增长见识的钱，该花就花。”

这点跟犹太人的财富观很接近。犹太人在学习上，很舍得花钱。众所周知，犹太民族是个爱看书、注重学习的民族，一到休息日书店里都是人。我认识的犹太家庭不论家庭条件如何，家里都会订阅杂志，让自己的精神富足。

物质的富足会让你一时出风头，精神的富足则会让你时时刻刻受到尊重。

但是对于大部分孩子来说，物质的享受对他们更具诱惑性。特别是现在物质丰富，走进商场，琳琅满目的玩具让人目不暇接，没有定力的孩子们被吸引是很正常的事情。这种时候不能全面打压孩子的欲望，当然更不能随便消费。

如何才能在节约和消费之间找到平衡点呢？

犹太教育的经典观念之一——“延迟满足”在这里可以派上用场。不直接拒绝，也不立刻购买，给孩子一个缓冲期，让他理性地、全面地考虑清楚再做决定。

延迟满足是犹太家庭教育的重要手段之一，也是犹太财商教育的重要组成部分。坦白地说，我们家就是由“延迟满足”开始，让孩子们真正学会理财的。延迟满足不是不满足，也不是压制孩子们的欲望，而是要让孩子们学会做长远的打算。可以说，延迟满足训练的是自我控制的能力，是一个人愿意为了更大的目标、更长远的利益而克制自己的欲望、放弃眼前即时满足的能力，拥有这种能力不仅能更好地理财，在工作、人际关系和适应社会等方面也会做得更好。

用好“延迟满足”这个方法，帮孩子找到节约和消费的平衡点，父母稍微用心，就能培养出在金钱面前不卑不亢的孩子。

▶ 财商教育锦囊

孩子需要掌握的消费技巧

1. 孩子的钱如何消费，父母应给予一定指导，如：精神性消费（购书、杂志等），道德性消费（慈善捐助），发展性消费（报课外班），交际性消费（给亲朋好友买生日礼物）等。

2. 购物前先列清单，避免冲动消费。

3. 比价。在网上不同平台之间进行价格比较，在网店和实体店之间进行价格比较。

4. 关注商品质量，食品类商品注意保质期。

5. 询问商家是否有优惠，善用优惠券，不急用的东西可以等待打折时再购买。

6. 购物付款之后，留下发票等凭证，养成记账的好习惯。

3

第 3 章

犹太妈妈的理财魔法

要花钱，自己赚！

财商教育，由卖春卷起步

不放过任何一个做生意的机会

赚钱不分年龄

去旅游也可以赚到钱

投机取巧，赢了也是输！

创意，让财富翻倍

培养“钱生钱”的投资头脑

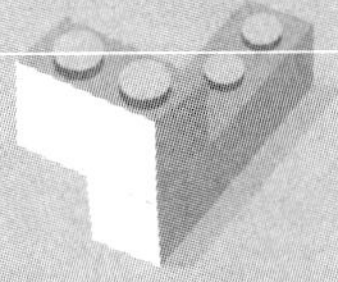

要花钱，自己赚！

犹太家长从小就告诉孩子“世上没有不劳而获的事”。他们坚信每个孩子的天性中都有赚钱的基因，而这个基因能否发挥作用取决于父母的引导是否恰当。

以色列家庭教育有句口号：“要花钱，自己赚！”当孩子提出自己的愿望时，犹太父母会告诉他：“孩子，你必须通过自己的努力，才能换得你想要的东西。”尤其是富爸爸们对这个口号更是鼎力支持，没有一位亿万富翁是凭空获得长久的事业与财富的。洛克菲勒一直这样告诫自己的孩子：“勤奋工作是唯一的出路，工作是我们享受成功所付出的代价，财富和幸福要靠努力工作才能得到。天下没有免费的午餐。”

在犹太父母看来，优越的家庭条件并不一定是好事，再富也不能富孩子。正像我们中国人常说的那句老话："艰难困苦，玉汝于成。"犹太富翁们很怕子女们养成不劳而获的习惯，因为贪图享乐、骄奢淫逸的恶习一旦养成，很可能会毁了自己的一生，甚至毁了整个家族的产业。所以，犹太富翁们让孩子从小就知道"天下没有免费的午餐"，犹太孩子们，即使是富人家的孩子，也从小就给家里做家务换得零花钱。

初到以色列时，我以为重视金钱教育是发生在经济条件不是特别好的家庭里，后来我在一个很富有的家庭打工时才发现，富有的犹太父母更重视孩子的财富教育。我打工的那个家庭有一个读小学的男孩子，虽然家里有很多名车，但是基本不用来接送这个孩子上下学。无论刮风下雨，男孩子都是自己坐公交车回家。如果他想要一双向往已久的球鞋，他的父母会建议他每天晚上洗一次碗筷，用自己的劳动来换取。他的父母说，这样才能让孩子感受生活的酸甜苦辣。

如何培养孩子的财富意识？最简单的第一步，就是让孩子知道钱是"挣来"的，不挣钱永远没钱。父母给孩子红包，考试成绩好给奖金，这都不是挣钱。"挣钱"一定是通过合理合法手段的交易及买卖。

如果不知道如何让孩子赚钱，或者不放心让孩子小小年纪出去赚钱，可以向以色列家长学习，从做家务开始，在家实行有偿生活机制，这样既能培养孩子的财商，也能锻炼孩子的生存技能。

很多家长会担心有偿生活机制破坏亲子感情，这是因为对有偿生活机制不够了解。“有偿”并不是指家里每件事情、每样东西都明码标价，而是要让孩子知道每件事情、每样东西都是有成本的，想要获得需要付出，可以付出金钱，可以付出劳动，或者其他的等价物品。让孩子在家做家务，家长给予一定报酬，是要让孩子明白，他们的劳动可以转化为金钱。但是也不能走极端，事事都计价，要知道孩子是家庭的一分子，有些事情是他应该承担的。聪明的家长要把握好这个度，要知道家庭责任和爱是不能标价的。建议父母们先经营好爱，再实行有偿生活机制，不要本末倒置。

我提倡有偿生活机制，因为这是我的孩子走向成功的起点。和大部分父母一样，我第一次听到这个名词的时候，觉得好残酷，基本上是无法接受的。同时心中也很忐忑，这样就能许给他们一份可持续发展的人生吗？说真的，我是非常犹豫的。理念是一种革命，有偿生活机制、财商教育颠覆了我既往的家教模式，既然我们在犹太世界生存，我就决定改变，让他们成为真正的犹太人。好在，在孩子们的配合下，我们改变模式，由做春卷、卖春卷开始改变之前的家教方式、生活方式。

“有偿生活机制”的重点不在于付钱，而在于责任感。在家里，孩子本来就应得到食物和照顾，但如果还想得到其他东西，每个孩子就必须学会用劳动赚钱，才能获得自己需要的一切。没想到，让孩子们一起参与，竟起到了意想不到的效果。孩子们不仅知道了要花钱得自己去挣，更是增强了家庭责任感，我们家的凝聚力变得更强了。

现在社会上仍有不少“啃老族”，究其原因，其实就是父母没有让孩子从小参与家庭事务。我们总觉得自己爱孩子，舍不得让他们的娇嫩小手沾上阳春水，舍不得占用他们宝贵的学习时间，怕影响他们的考试成绩。殊不知，家务教育是一个孩子生存能力的起步教育。犹太教育学家总结说：“缺乏家务教育的孩子长大后不会有良好的表现。”孩子们协助我克服了犹豫，让我下定了决心，采用“特别狠心特别爱”的教育方式。我家的财商教育就是这么开始的。回过头去看，我可以毫不犹豫地说：有偿生活机制及做家务事就是财商教育最好的起跑线。

之后，我不断引导孩子，让孩子懂得生命、生存、生活和生意之间的关系，我要他们知道生存的不易、生活的态度、生命的可贵和生意的重要。而做春卷及开餐厅，就成为最好的实验。我不再做“孩奴”，家务事大家分担，当天该洗碗的人如果不想洗碗，可以自行去调整交换，不可以赖皮偷懒。我还是一样地爱他们，会给他们送礼物，会给他们奖励，但这些和他们做家务事不画等号。人人有责任做家务，这让每个人感受到家庭是大家共同的责任，有权利吃饭没有义务洗碗的想法立即不见了。刚到以色列时，我家确实是困难的，但我很庆幸我通过言传身教告诉孩子们要自立自强！那时生活是非常困难的，但我都没有向邻居借过一滴油、一勺盐、一粒米和一颗糖。如果家里的东西用完了，当天家里没吃的，大家就饿一顿。我狠心做到了，而孩子们也学

◎　有偿生活机制及做家务事是财商教育最好的起跑线

到了自立自强，富有时，大家要富在一起，贫穷时，也要穷在一起！这让孩子们从小明白，若不想办法赚钱，大家都没有好日子过。唯有树立自立自强的态度、节约自制的品格、不浪费的习惯，我们才能有美好的未来。就是这么简单，家务事一起来，培养出了有家庭责任感的孩子。

从小会做家务的孩子，离开父母之后，他们的生存能力都不会太差。孩子总有一天要离开父母自己去闯荡，自立是最基本的要求。想要获得财富，首先必须自立。有能力照顾好自己，才有精力去做其他的事情。从做力所能及的家务开始，培养孩子的自立自主性是一个很好的选择。调查结果显示，擅长做家务的孩子思路都比较清晰，这点对于财商的培养也很有助益。爸爸妈妈们不要再犹豫，赶紧让孩子们参与到家庭事务中来吧。

▶ 财商教育锦囊

孩子可以胜任的家务清单

九到二十四个月：听从父母简单易行的指示，比如把玩具放回玩具筐。

两岁：把垃圾扔进垃圾箱，或当父母请求帮助时帮忙拿取东西。

三岁：收拾自己的玩具、书籍；喂宠物；刷牙；饭后自己把碗和盘子放到厨房水池里；帮助父母把干净衣服放回衣柜；把脏衣服放到洗衣机里；帮忙收拾房间和整理玩具。

四到五岁：给家里的植物浇水；帮忙擦桌子；自己准备第二天要穿的衣服；自己铺床。

六到八岁：料理大部分个人卫生；会摆放饭桌；整理、

打扫自己的房间；整理床铺；扔垃圾。

九到十二岁：料理全部个人卫生；会扫地擦地；清理洗手间；洗一些衣服；擦拭家具；帮助父母洗菜。

十三到十五岁：自己洗衣服；擦玻璃；清理冰箱；清理灶台；能做简单的饭菜；为自己的钱做好预算；列出购物清单。

十六岁以上：负责自己的全部穿着；计划并准备一家人的饭菜；做好高等教育的目标计划。

财商教育，由卖春卷起步

我家的财商教育，是由全家一起做家务，一起做春卷、卖春卷展开的。春卷生意改变了我们一家的命运。这种改变不仅仅是春卷生意给我们带来了金钱，更重要的是孩子们在参与春卷生意的过程中改变了很多。因为孩子们在做春卷的过程中知道，要完成这么多道工序才能吃到一个春卷，他们懂得了珍惜。如果不是让他们亲自体验，他们就不可能知道其中的烦琐及复杂，不会知道幸福来之不易。

去以色列前，我和大多数中国母亲一样，始终秉持“再苦不能苦孩子”的原则，对孩子照顾得无微不至。刚移民到以色列时，孩子们不用叠被子，不用烧水，更不用做饭。基本生活及孩子的学校都安顿好了，我开始想：眼前最大的问题就是如何生存。如何提高家里的收入来源？有什么我可以在兼顾照顾孩子的情况下制作来卖的食品？我自问："有什么是外国人没有机会吃到但是会喜欢吃的中国食物？有什么是我可以做来卖的？"我不断思考市场的需求与自己擅长的结合点，我要投其所好，最后我想到了——春卷。

但我并没有做过春卷，也没有学过如何做春卷。我知道做春卷最关键的就是做春卷皮。我想起了在上海菜市场里看到过人家做春卷皮，凭着记忆中上海菜市场里老人做春卷皮的样子，我开始自行摸索。我试着用平底锅把和好的面粉做成皮……在用掉了四五斤面粉后，我终于做出了第一张春卷皮，当时，我的眼泪再也控制不住了，眼眶湿润了。我知道，凭我的勤奋，我一定能靠这一招在以色列立足！

为了养家糊口，我开始打算盘：如果每个春卷能赚0.7谢克尔*，那么一天卖多少个春卷才能赚到基本家用？我的脑子里开始计算，想着美好的未来。那时候，我最大的梦想就是努力赚钱，供孩子好好读书，让三个孩子快快乐乐地长大。我并没有想要让孩子做"钱奴"，但我自己先做了"钱奴"，整天就想着如何赚钱养孩子。

早上，我先把孩子送到学校读书，他们上学后，我再出去摆摊卖

---

*　谢克尔：以色列货币单位。

春卷，然后站在寒风凛冽的街头兜售，一切都是第一次，对我来说都是挑战。下午，孩子们放学了，他们就来春卷摊找我。我先把他们安顿好，等到了饭点，我就停业，在小炉子上面给他们煮馄饨、下面条、煮饺子。到了晚上，劳累了一天的我还会在灯光下用亲手做的识字图片教孩子学希伯来语。不论多么忙、多么累，我都不让孩子动一下手，里里外外的家务活都是由我一个人承包，他们只负责学习。

这样的日子终于被打破了，这要感谢邻居大婶对我的怒吼："别把那种不科学的母爱带到以色列来！"她看到我手忙脚乱地在做饭，而且一碗一碗给孩子们盛好饭，就对我的孩子说："你们已经是大孩子了，怎么能像客人一样，看着你妈妈一个人忙呢？"

我问自己："我是不是应该重新去建立母亲的价值，重新去思考自己满腔的母爱？"家庭教育改革说起来容易，做起来难。首先，我就得过自己这个慈母关，我没有勇气马上改变。万一他们不理解我的良苦用心，把我当成残忍、冷酷、不可爱的妈妈怎么办？有偿生活机制会不会影响他们的学习时间，让他们成为不爱读书、只爱赚钱的"钱奴"？看到孩子们与同龄以色列孩子之间的差距，我劝说自己，要做一个有智慧的母亲，不能因为自己的不忍而误了孩子们的长远发展。

之后，我对孩子们提出了我的想法，可孩子们的反应出乎我的意料，他们热烈欢迎！他们很高兴实行这种有偿生活机制，因为他们知道：他们即将有自己的收入。于是，我和孩子们达成一致意见：

1. 开始认识每件事的价格；

2. 不可以再以读书为理由，成为“四体不勤、五谷不分”的小皇帝、小皇后；

3. 开始做家务事，不能只让妈妈一个人为全家操劳，要和妈妈一起解决生计问题。

孩子们从上海来到以色列后，已经体验到了由“富养”到“穷养”的变化，也亲身体会了以色列“生存教育”的方式，感受到同龄的朋友比自己更勇敢、更坚强、更有目标和生存能力的事实，所以，他们都觉得邻居大婶对他们的批评非常有道理。另外，他们也想能像个小男子汉一样，帮妈妈承担家庭的责任，因为我的辛苦他们都看在眼里。他们兄弟俩跟我说：“妈妈，也许邻居大婶说得没错。让我们试着去锻炼一下吧。”于是，孩子们跟着我一起做春卷，卖春卷。

有人说，你怎么可以让孩子进厨房呢？让他们去卖这种东西，他们会在同学面前觉得不好意思的吧？

厨房，在不少中国家长眼里是孩子的“禁区”。“别进来，危险。”“这里油烟重，快出去。”当好奇的孩子想走进厨房看看，这摸摸那摸摸的时候，经常被爸爸妈妈拒之门外。有年轻的妈妈跟我说：“别说孩子了，我自己都不怎么进厨房的，从小到大都是我妈妈做饭的，女儿生下来之后我们就一直和老人住在一起，或者时不时地就去外面的饭店吃，感觉也没什么。等女儿以后长大了，估计都是吃快餐了，谁还有空进厨房啊？现在社会分工越来越细，做饭并不是一定要会的。”

相比于不少中国妈妈带着孩子远离厨房，犹太妈妈更鼓励孩子走进厨房。她们认为：人类要生存，必须要有物质基础，而吃饭则是基础的基础。在保障安全的情况下，让孩子在厨房里择菜、洗菜，可以让他们感受到自己是可以被信赖、被依靠的，对培养他们的安全感、自信心、独立性都有帮助。不仅是犹太妈妈，听说日本还开设了很多家“亲子料理教室”，一次大约可以容纳六户人家一起学习。孩子们在父母的指导下学习烹饪。比如让孩子学会怎样打鸡蛋才能避免蛋壳掉进碗里，不能用肥皂清洗小海贝等。淘米、洗菜、切菜……孩子们穿着小围裙、戴着小套袖，在家长的帮助下，一点点地把胡萝卜切成丝，这种参与感，不仅可以增强孩子的自信心，还可以培养他们的家庭责任感。

我的孩子在参与春卷制作的过程中，学会了很多书本上学不到的本领，比起“衣来伸手、饭来张口”的那段时间，孩子们的自信心大大地提升了，他们觉得自己和犹太孩子之间的差距没有那么大了。而且卖春卷还可以让他们有自己的收入，不需要事事向妈妈伸手要钱，这也让他们觉得很骄傲。孩子们通过卖春卷赚钱，并没有受到同学的嘲笑，反而得到了同学的一致好评，因为春卷是中国的特色美食，对以色列孩子们来说是很新奇的。孩子们在卖春卷的过程中收获了金钱，也收获了人缘，这些都是他们财商的起步和积累。

我带着孩子们做春卷生意的时候，还有一个很重要的原则，就是

◎　小儿子放学后在菜市场摆摊

不耽误功课。早上，孩子们正常上学，卖春卷一定是孩子们从学校回来之后的事。下学后，一星期有两次是到菜市场摆摊，有时也会在晚上七点钟后到酒吧去卖。我们最喜欢的是碰到有人开派对，就能一下子卖出一百个或更多，这让孩子马上懂得了什么是批发及批发价。量大时，单价可以降低，因为量大可以弥补单个利润减少的损失。

因为每天卖春卷的时间有限，而孩子们又希望能够多赚些钱，于是他们就开始动脑筋了。比如为了降低成本，他们主动建议，晚上等菜市场的摊主都打算收摊时，他们再去摊位采买，收购剩下的菜，他们对我说："妈妈，这样成本会低一点儿。"然后，他们将收购来的菜，一筐筐地朝家里提。因为力气小，三个人只好采取"车轮战"的方式，先合力提过去一筐，放下，再回去提另一筐。

卖春卷是我家当时在特定的条件下做出的选择，我抓住这个机会，给了孩子们接地气的财商教育。并不是所有人都需要去卖春卷，也不是说非得家庭做生意卖东西才能培养孩子的财商。爸爸妈妈们要善于把握契机，或者在必要的时候创造契机，对孩子进行财商教育。

最好的财商老师是父母，最好的财商课堂是家庭。从某种程度上来讲，儿童财商教育最应该教育的是父母。虽然现在一些机构开设了儿童财商课程，但我坚持认为，让孩子从真实生活中体验财商会比上课更有效果。

▶ 财商教育锦囊

比尔·盖茨成为世界首富，他的父母有何贡献？

比尔·盖茨曾多次表示自己的成就离不开父母的教育。那么他的父母到底有哪些做法值得借鉴呢？

1. 从小培养阅读兴趣。比尔·盖茨出生在一个知识分子家庭，他生性爱动，但读书时很专注，母亲发现后对他爱读书给予鼓励，并经常带他去图书馆借书，去书店买书。

2. 尊重孩子的自由选择。比尔·盖茨只对数学和计算机感兴趣，但母亲一直支持他的选择。

3. 孩子不擅长的事情，极力鼓励他尝试。比尔·盖茨小时候不擅长也不喜欢各类体育运动，他的父母却总是积极鼓励他多运动，甚至和他一起运动。

4. 创造机会多和孩子交流，提升孩子的沟通能力。比尔·盖茨小时候不爱说话，父母每周在固定时间一家人一起交流分享一周经历和感受，慢慢地，他的沟通能力就得到了锻炼。

5. 不贬低孩子，多赞美鼓励孩子。比尔·盖茨并不是从小一直听父母的忠告，但是父母会试着理解他，鼓励他。

6. 做孩子创业的得力助手。比尔·盖茨决定自己创业之后，父母在精神和实际上给予了力所能及的支持。

不放过任何一个做生意的机会

前段时间看到一则新闻，一个小学生在班级演讲中说自己的梦想是发财，这件事在网上引起了大家的热烈讨论，大致形成了两派意见：有些人觉得这种想法值得支持，有些人则觉得小小年纪就想着赚钱太不应该了。

我一直认为，孩子有赚钱欲望是值得鼓励的。有句话说得好：“欲望是人类进步的阶梯。”我在这里也要说：“赚钱欲望是财商进步的阶梯。”如果你连赚钱的想法都没有，钱是不可能自己长脚来到你身边的。人先要有想法，然后才能想办法去实现。梦想与热爱会激发出孩子的无限潜能。

当你的孩子表现出想赚钱的时候，做父母的一定要及时鼓励，甚至可以在适当的时候帮孩子出谋划策——观察市场的需求，思考自身的能力，找到赚钱的机会。如果你的孩子暂时没有赚钱的想法，你也可以激发孩子的赚钱欲望。毕竟通过自己劳动获得的金钱，孩子会格外珍惜。

孩子要怎么赚钱呢？在以色列的时候，邻居太太告诉我："赚钱没有年龄的问题，人人都有自己的赚钱方法。"事实证明，她说得没错，我的孩子通过自己的学习以及与同学的接触互动，充分吸收了犹太法则的精髓，他们会动脑筋从事那些不用投入本钱的行业。

大儿子注意到了以色列和中国在文化方面有很多的差异，也从大家对春卷的喜爱猜测出大家可能会对中国文化感兴趣。于是他给报纸投稿，介绍上海的风土人情和他们兄弟在上海的童年生活。他的猜测果然是正确的，报纸的编辑看到他的投稿后，觉得很有意思，就向他定期约稿，于是他通过自己的文笔给我们每个月赚得高达8000谢克尔的丰厚稿酬！这件事他并没有提前告诉我，因为他想赚钱给家里减轻负担，又怕万一没有成功让我失望，所以他自己分析、自己投稿，结果竟然成功了。这件事也给了他很大鼓励，让他的自信心得到大大提升，他也更乐于开动脑筋思考怎么赚钱。感受到以色列人对中国文化的好奇后，他还在学校做过关于中国文化的讲座，得到同学的广泛好评，从而促进了春卷的销量，这一切，都归结于他常常思考自己的特长在哪里，

◎ 沙拉和小女儿

要怎么才能赚到钱。

女儿在以色列文化和家人们的熏陶下，小小年纪就知道利用自己的特长赚取零花钱。她会精心地给哥哥们煮红茶，准备不同口味的面包片，然后哥哥们就会付给她茶水费、点心费。

有些读者不敢相信哥哥真的会付茶水费、点心费给妹妹，但在我看来这完全没必要大惊小怪，因为这其实和国际礼仪惯例中服务与被服务的关系一样。

为什么要给小费？现在还有很多人不懂也不明白。其实，小费的给予是一个人认可他人对自己服务的表现。我很注重在日常生活中培养孩子服务及被服务的礼节，这样被教养长大的孩子才会更受欢迎。可惜如今，太多的礼节及礼仪是被动的，而我的孩子在早期生活中，已经获得立足于社会的必要礼节，从出行时的服装和化妆，到支付小费，都是主动的。我教孩子们赚钱，也同样告诉他们有些钱该花就得花，比如小费，这体现的是我们对他人劳动的尊重。

妹妹当时从哥哥们那里得来的茶水费，并不会乱花，她大都会存起来，在需要的时候买自己喜欢的东西。在节日或者我和她哥哥们生日的时候给我们买礼物。家庭成员之间互赠小礼物，也是一项值得推荐的活动，这种仪式感会让我们更直接地感受到家人的爱。不仅是家人之间，对朋友，我们也是时常准备礼物的，这也是我从小给孩子们传递的一种社会礼节和观念。礼物不在于多么贵重，而在于心意。犹太人那么会赚钱，那么爱赚钱，他们日常交往时也是会互赠礼物的。有财商头脑的人知道，所有人际关系都是需要认真经营的，说不定你的礼仪和善举，会为你带来生意的机会。

我在以色列学会了犹太人的理财态度：**不放过任何一个做生意的机会，也不放过任何一个可能会有生意的机会。**接纳甚至鼓励孩子的赚钱欲望，给他们创造机会实现自己的愿望。有时还可以给孩子一点儿压力，激发他们的赚钱欲望。

我的孩子走上从商之路跟我的教育有直接的关系。儿子十五岁那年，为了让孩子更好地融入当地社会，我送他们去面包房打工。我们的约定是：他们必须自己赚够回中国读书的费用，因为我不会再负担他们的学费。

孩子们为了回中国读书，觉得靠卖春卷和打工赚钱的速度太慢了，于是开始动脑筋。他们想到了开发中国的资源，于是给在国内的同学写信，拜托他们帮忙买有中国特色的商品，比如美丽的丝巾、中国结、中国酱料等寄到以色列，他们轮流到菜市场摆摊卖这些商品，这样他们的收入有了大大的提升。当时在中国卖 25 元钱一条的丝巾，在以色列能够卖到 250 谢克尔。他们一点儿都不会觉得辛苦，每天一放下书包，铺上红布就开始卖商品，一直卖到收摊后，再去帮菜贩搬运蔬果，这样一小时又可以赚 15 谢克尔，最后菜贩可能还会送一些卖剩下的蔬果给我们，孩子们会很高兴地拿回家来用来做晚餐，这真是一举多得，既赚钱又省了我们的买菜钱。

我一直教导我的孩子们：想要实现赚钱的欲望，就不放过每个机会！在犹太人心中，做生意绝不是只为自己谋利益，而是以满足人们的需求为目的的。我的孩子能取得今天的成功，和他们认认真真地思考，紧紧抓住每个机会是分不开的。无论是拜托市场管理员给他们留位置，还是在以色列的报纸上开专栏，都是他们自己把握机会才得到的。他们有赚钱的欲望，并为之付出了努力，才会有后面的成果。

等到孩子们回到中国读书的时候，中以贸易越来越频繁。以色列最著名的商品就是钻石，小儿子梦想能把以色列的钻石生意带到中国。他靠着卖钻石的佣金一点点积攒财富，到了一定时间就换成一颗小小的钻石，然后拿到中国来卖，接着赚得更大的利润……他的钻石买卖生意就这么起步了。他虽然年纪不大，却已成为钻石方面的专家及商家，他也因此得到了一个绰号——“小犹太”。

回想当时，他对我谈及自己的钻石梦想时，我并没有因为我们没有本钱做钻石生意而打击他的梦想，而是告诉他："有梦想是好事！不过钻石行业门槛高，平时必须要多积累。"儿子把我的话听进去了，他不仅开始积攒钱买钻石回国卖，还利用各种机会充实自己在钻石方面的专业知识。我很庆幸自己是一个会激发孩子赚钱欲望，并给予他们一些意见的妈妈，让他能年纪轻轻就成为钻石专家。

其实赚钱的欲望大部分孩子都会有，但很多孩子的赚钱欲望可能受到父母或老师的打击，从此就不敢再表现出来了。父母从小培养孩子拥有广博知识，孩子才能头脑聪明，具备一双慧眼，在未来的生活中游刃有余。

我记得我们回中国之前，每个孩子都买了很多以色列的商品，在他们回国之后就到学校里去卖。当时有老师就来找我了，说我的孩子在校园里推销来自以色列的商品，从食品、民族服装甚至到子弹壳……无所不有，他建议我"好好管教一下孩子"。这让我很感慨！这就是中国人与以色列人的不同观念，我认为孩子做得没有错，我告诉这位老师："我无权干涉孩子的行为，我觉得这是他们赚取学费的方式，因为我已经不再负责他们的所有学习费用了。"我记得那个老师的眼睛瞪得大大的，完全无法理解我这个月薪 5000 美元的母亲，竟然会不给孩子学费，而是让孩子赚取自己的学费。可经历过以色列文化熏陶的我认为这很好理解，因为赚钱没有年龄的问题，财商教育要趁早。孩子的赚钱欲望和行为，在我看来都是值得鼓励的。我的孩子没有因为赚钱而荒废学业，相反，因为想赚钱，他们还会去学更多的东西。

在上海读大学时，孩子虽然学的是外语专业，但是遇到上海服装展览会、装修展览会之类的活动，也会去参加，看看有没有自己能学的东西。他有时去做翻译，有时帮忙跑腿送资料，找机会跟对方交流："如果您在上海多待几天，也许我能帮上您。"他总是对我说："妈妈，展会中充满了各种机会。"我很高兴，孩子会把自己的人际网踏踏实实地铺好，不放过任何一个做生意及赚钱的机会，从这个角度看，我的孩子已经是生意人了。

针对有赚钱欲望的孩子，父母要正确利用孩子的欲望，在提升孩子的财商之余，还可以提升孩子的知识水平和能力。

▶ 财商教育锦囊

金钱与欲望

1. 欲望本身并不可怕，每个人都应该有自己的欲望，适当的欲望可以催人进步。

2. 在金钱和欲望之间要达到一个平衡，做金钱的主人，不被金钱控制。

3. 富人之所以能成为富人，是因为他们有强烈的赚钱欲望，并且能把这种欲望付诸实践。

4. 穷人之所以是穷人，是因为他们花钱的欲望远远大于赚钱的欲望，耽于享受，不想去奋斗拼搏。

5. 利用欲望要合理合法，不能越过底线，否则会得不偿失。

赚钱不分年龄

当孩子有了赚钱欲望，打算开始行动的时候，父母还不能完全放手，最好能给予孩子一些建议，做他们坚强的后盾。毕竟不管做什么事都很难一帆风顺，在孩子遇到挫折的时候及时给予帮助和鼓励，不要让他们失去信心，这一点很重要。

调动孩子们的热情其实并没有那么难，关键看我们做家长的是否在思想上和行动上做好了准备。赚钱不分年龄，孩子通常比我们想象的更敏感，更富有智慧、观察力和学习精神，不然，为什么有教育家会说“没有教不好的孩子，只有不会教的老师”呢？

我的三个孩子跟以色列当地孩子接触多了，看到同龄的犹太孩子常常可以自己承担一些小额消费，心里也是很佩服、很羡慕的。当我宣布我们家也要实施有偿生活机制时，孩子们竟然个个摩拳擦掌、跃跃欲试。原来，孩子比大人更能适应改变！虽然后来证明很多事并没他们想象中那么简单，但他们也正是在克服这些困难的过程中，真切感受到了什么是生活、生活的目标是什么、分数和学历可以帮助他们实现什么样的梦想。

孩子们加入我的春卷生意，不是单纯的帮忙，我是会给他们提成的，根据不同的工种给予不同的提成，比如帮忙做春卷提成 10%，帮忙卖春卷提成 20%。之所以这么做是要让他们明白，劳动可以得到报酬，但是不同的劳动所得到的报酬是不一样的。走入社会之后就是这样，那么从一开始我就给了他们通行的规则。因为相对于做春卷，卖春卷要和不同的人打交道，会遇到更多的挑战。

让我很欣慰的是，我的孩子们并没有因为卖春卷的提成高就都选择卖春卷，他们根据自己的性格和特长进行了分工。哥哥性格相对内向，不是那么擅长跟人打交道，他选择了边做春卷边试着去卖春卷。弟弟比较外向，他觉得自己可以把春卷推销出去，选择了直接卖春卷。

我至今还记得哥哥做出第一张春卷皮时带着汗水的脸上显露出的兴奋，我也还记得弟弟卖出第一份春卷那天回到家时那种激动之情。当时他们的这种兴奋和激动其实和提成无关，就是做一件事成功的喜悦，这种成就感对孩子的财商和情商培养都很重要，享受到了成就感，才会有继续做下去的欲望。当然，赚钱的乐趣也是继续做下去的动力之一。

在孩子们做好自己的工作之后，我每天会跟他们结算他们当天的收入。孩子们都各自有一个账本，里面清清楚楚地记录了自己做了多少春卷，卖了多少春卷，当天收到多少提成，总共有多少钱。到后面，他们会边看账本边思考第二天应该怎么让自己的提成更高。他们享受到了赚钱的乐趣，于是就会主动地研究怎么才能合理地赚到更多的钱。

在这里要提醒父母们，给孩子创造赚钱的机会时，不管是做家务还是摆地摊或者其他方式，都要及时给孩子结算，当天的钱当天给孩子，并邀请孩子一起参与结算。这对孩子来说很重要，如果过了很多天才结算，孩子的兴致可能就会慢慢减弱，一定要保护孩子的乐趣，因为享受到的乐趣会成为他们继续努力的动力。

前面讲到带着孩子摆地摊的小朋友，其实他们“地摊事业”的源起，是两个小朋友一次到小区便利店想买东西，但是都没有带钱，于是他们灵机一动，决定把自己带的零食卖出去，然后去买自己想买的东西，经过他们的不懈尝试，终于收获了20元，两个小朋友每人花10元买到了自己想要的东西。品尝到了自己赚钱的乐趣，两个小朋友慢慢有了更多的想法，给他们的地摊取了名字，还寻求爸爸妈妈们的帮助，建立了网店和公众号，想在小区里面做跳蚤市场和送货服务。而爸爸妈妈们则帮他们找到小区其他感兴趣的小伙伴一起摆地摊，帮他们联系慈善机构捐出一部分收入，让他们在享受赚钱快乐的同时，也享受帮助他人的快乐。

在这件事情上，父母只是起了协助作用，孩子们是因为体会到了乐趣，才会继续自己的地摊事业，才会不断地想办法让他们的地摊事业更好地发展。我们经常说“兴趣是最好的老师”，只有孩子自己真正爱上了这件事，他才会做得更好。

很多家长跟我说，他们也想锻炼孩子，让他们自己去打工或者卖东西赚钱，但是又很担心，所以迟迟不敢行动。在放手让孩子出去之前有担忧，这是很正常的，但是不能因为害怕就踌躇不前。事情发生之前，想再多都是没用的。与其担心这担心那，不如放手让孩子自己去做，遇到问题孩子自然会想办法解决，遇到孩子实在解决不了的问题家长再出手也不迟。在困境中，孩子会成长得更迅速，经过挫折后的成功也更让人喜悦。

孩子们第一次独自出去卖春卷的时候，我也是不放心的。但是我知道我必须放手，孩子们才能成长，而我能做的就是事前给他们建议，事后给他们鼓励。

我先在家跟孩子们进行了销售演练，设置了几个销售过程中常遇到的场景，告诉他们遇到这些情况要如何应对。在心理和技术上都做好准备之后，孩子们才出去推销春卷。尽管这样，过程也不是一帆风顺的，小儿子刚开始还是胆怯，但是想到有妈妈和哥哥妹妹的支持，他克服了自己的胆怯，也没有因别人的拒绝而气馁，坚持不懈地向别人介绍自己的商品，终于卖出去一个。有了第一个之后，后面的就没有那么难了。

儿子经过第一次推销，自己总结了经验教训，在此之后，他就能大大方方地去卖春卷了，而且他开始分析哪些人更可能买自己的春卷，找到了自己的目标客户，有针对性地去卖自己的春卷。孩子们在实践中还发现，如果客人要的量多，就算价格优惠一些还是划算的，而且卖得快，于是他们开始寻找要开派对的人家去推销春卷，果然受到欢迎又赚得多。这一次次成功的尝试，让孩子们信心和兴趣大增，在春卷事业上推陈出新，想出了一些我都没有想到过的点子。这都是赚钱过程中享受到的乐趣给他们带来的动力，让他们能够自发主动地想办法做好这份工作。而最开始勇敢跨出的第一步，是后来成功的基础，这一点很重要，只有迈出第一步，在行动中才能改变自己。

其实不仅是孩子们，作为他们的母亲，我也是在行动中探索而不断进步。刚开始做春卷，我不知道浪费了多少原材料才成功做出一张春卷皮。而经过多次试验后，我知道了要用面粉做成筋道的春卷皮可不简单，需要耐心及技巧。首先是开粉，放水后不能太稀也不能太稠。做春卷皮只能用手去揉，要凭感觉是否已达到“开”的状态后，再把手上的面粉刮回大盆。这个大盆得放进冰箱，冷藏到第二天。放进冰箱时上面要放上一层凉水，防止面粉与空气接触。第二天做皮时，先倒掉那一层水，把面抓起来放在烫板上，面越是冰凉做起来就越快越好，容易成功！若是在冬天，手冻得非常难受，我也咬紧牙关忍耐着，因为越冷就做得越成功，一斤面粉能做五十多张春卷皮。

春卷的馅，通常是用卷心菜、胡萝卜、洋葱、绿豆芽，加盐、鸡精（不用味精）、胡椒腌两个小时，不能腌太久，否则菜馅就会太软而很难包。许多做餐饮的人，因为吃腻了而不喜欢自己做的食品，而我一生爱吃春卷。我喜欢吃春卷和做春卷，在电视节目里也示范过做春卷，怎么吃都不腻。回到中国后吃了那么多的春卷，我觉得都没吃到比我做得更好的春卷。那时不管天冷天热，我做出一个又一个春卷，总会想到那首诗《卖炭翁》，但我微笑着，因为我知道我能用我的双手做春卷养大我的孩子了。

就这样，我和孩子们都在一次次的实践中得到了锻炼和提升，特别是孩子们，他们后来跟我说，自己能成功离不开小时候卖春卷的经历，很感谢妈妈给了他们机会。

孩子们有赚钱的想法是好事，但是如果只想而不行动就毫无意义。一定要行动起来，只有做了，才有可能成功，才能有机会享受到成功的喜悦。就算失败也没关系，总结经验，做出调整和改变，总有成功的一天。

财商教育锦囊

犹太人十二条赚钱法则

1. 为女性服务。犹太人经商第一格言：想要赚钱，就必须瞄准女人（钻石、珠宝、服饰等）。男人的兴趣在于赚钱，女性则偏好家庭物资采购。因此要了解女性的消费动向，满足女性的消费偏好，全心全意为女性服务。

2. 为嘴巴服务。民以食为天，犹太人认为在经商过程中应瞄准人们的嘴巴，做同吃有关的生意，如饭店、蔬菜店、鱼店、水果店等等，因为吃是人类最基本的需求之一，做这些生意容易赚钱。

3. 利用“78：22 法则”。“78:22 法则”是一个自然法则，犹太人发现服饰、餐饮、建筑、珠宝、医药等 22% 的行业，基本占了生活消费的 78%，他们利用这个法则来把握全局。

4. 为钱走四方。这是犹太人天生的特性。他们生来就是世界公民，不仅自己四处奔忙、贩进卖出、广泛联系，而且鼓励别人也这么做。这提示我们要有全球性的眼光。

5. 用脑去赚钱。能够转化为金钱的智慧才是真智慧。犹太人认为赚钱是天经地义的事，强调以智取胜，用脑去赚钱。

6. 节流更需开源。财富主要靠赚，而不是靠省吃俭用省下来的。犹太商人以经商赚钱为天职，不断开源。

7. 诚信是根本。犹太人在经商中最注重契约精神。他们重信守约，一旦签订契约，不论发生什么，决不毁约。

8. 惜时如金。犹太经商格言中有一句话叫“勿盗窃时间”。这句格言既关乎赚钱，也关乎经商礼仪。当今竞争日趋激烈，时间就是生命，时间就是金钱。我们要惜时如金，珍惜自己时间的同时，也要珍惜他人的时间。

9. 靠信息抢占先机。商场是个机会均等的地方，获取相应资讯，先发制人，更容易获得成功。

10. 善于整合资源。在我们的惯常思维中，只有拥有资本，才能有所作为。但犹太经济学家认为，资金、人才、技术、智慧……这个世界已经准备好了一切你需要的资源，你要做的就是运用智慧把它们有机结合起来。

11. 站得高才能望得远。“脚不能到达的，眼要到达；眼不能到达的，心要到达。”犹太人认为，你能够想到的未来发展情况有多远，那你的成功就有多近。

12. 谈判创造价值。生意就是生意，在谈判过程中，应该加强沟通，通过沟通创造价值，达到“双赢”的成果。

去旅游也可以赚到钱

现在很多家长都喜欢带孩子出去旅游，真切地感受这个世界。我也喜欢带孩子去旅游，因为在旅途中能亲身体验书本上学到的东西，还能学到很多书本上没有的知识。古人说“读万卷书，行万里路”正是这个道理。但是现在一趟旅游下来，吃、住、行、玩各种费用加起来花费不少，特别是有主题的旅游，比如亲子游、研学游之类价格就更高了。其实只要开动脑筋，运用自己的财商头脑，旅游也是可以赚到钱的。

在以色列的时候，我的邻居朋友们就常常在旅游的时候利用自己的优势赚钱。他们一边玩，一边也不忘赚钱。我入乡随俗，也会利用各种机会让孩子把游玩和赚钱结合起来。

有一天，在谢莫那我们自家的“上海小厨”餐馆里，来了一位特别的客人，他开着漂亮的四轮驱动越野吉普车停在门前，引起了我们的注意。当我们得知他就在附近的山上经营滑雪场时，孩子们就开始雀跃了。因为，在上海长大的他们，还没有到过雪山。孩子的好奇心激发后，就计划在这个假期去滑雪胜地玩。孩子跟我说：“妈妈，再不去的话，滑雪场的雪就要融化了。”孩子们当时心情急切，恨不得马上插上翅膀飞到半个多小时车程远的雪山上去。而对我而言，这又是一个可以锻炼他们的好机会，所以我就没有立即答应他们。

我心里是非常乐意让孩子们去滑雪场玩的，因为那里有别致的景色，可以拓宽孩子们的视野和胸怀。而且那时我们的经济情况已有所好转，完全有能力承担他们的这种小享受，不过，我还是故意“刁难”了孩子们一下，问：“你们很想去吗？”孩子们异口同声地说：“想！”我接着问：“那你俩愿意去那边先打几天工，自己赚取滑雪的钱吗？”孩子们毫不犹豫地回答：“没问题！”我提醒他们：“山上很冷，打工会很辛苦，你们能坚持住吗？”他们表示没问题，要我放心。孩子们觉得我的提议很棒，就马上联络那位客人寻求打工机会，因为客人在店里吃饭的时候，提到过山上会雇用短期工作人员。

我为什么会想办法让孩子把游玩变成工作赚钱？为什么我会这么狠心，连一次纯度假也不给？这是因为，我看到以色列家长教育子女的这个方法，他们告诉孩子：“如果你喜欢玩，就要自己想办法承担游玩的

◎ 孩子们听从沙拉的建议，先到雪山打工再玩乐

◎ 他们用自己的劳动换来了滑雪场的享受

费用，这样才能有更多的机会玩。”

孩子们出发去滑雪场几天之后，我去看望打工的他们，还帮他们

拍下向往已久的雪场及缆车风景、雪场工作人员狭窄的床位的照片。孩子们的鼻头冻得红红的，他们在滑雪场里负责的工作其实不是特别轻松，但是他们完全不以为苦，开心地跟我说："妈妈，我看到美丽的雪山啦！"尽管有更轻松的像在室内打扫房间之类的工作，但他们还是拒绝了，因为如果在房间里工作，他们就看不见迷人的雪山了。儿子们用自己的劳动换来了滑雪场的享受，他们觉得特别值！

同时，滑雪场里也有很多成功人士来度假，这些人用勤奋和努力换取了片刻的人生享受，这无疑也激励了孩子们，他们懂得了靠自己的双手去获得的快乐才是真正的惬意。别怕自己的这双手小，只要你用它努力耕耘，这双手将变得越来越有力量，会给你捎去梦想，总有一天，你可以享受到丰收的硕果。**本来是纯花钱的旅游，在我的建议下，他们发现，原来可以先赚到钱再花钱。这种先自己努力耕耘再得到享受的果实的过程，是最甜美、最快乐、最惬意的玩乐。**就这样，本来是度假玩乐的计划，又变成打工赚钱的正事！通过这件事，孩子们发现：即使是旅游，也是可以挣钱的，只要你肯开动脑筋，没什么地方是不能赚到钱的。在挣钱的过程中，孩子吃苦的能力得到了锻炼，他们通过自己挣的钱，又享受到了游玩的乐趣，看到了之前没有看到过的美景，这是相得益彰的事情。

可能有些家长会说，我们又没有这种去旅游景点短期工作的机会。我一直认为，机会是要靠自己去寻找、去创造的。据我所知，现在有一些机构和民宿会提供义工旅游的机会，时间比较短，以工作换食宿。家长们如果要带孩子出去旅游，可以事先找找你要去的地方有没有可靠的此类机构或者民宿，有的话可以提前联系好带孩子去体验。我认识一个妈妈，假期带孩子深度旅游，在一个地方一住就是一个月，在这个月中，她会带着孩子体验当地人的生活，了解当地的风土人情，还会去探索旅行团很少带大家去的景点。她很少选择住五星级酒店，而是选择民宿，因为民宿更接近当地人的生活。在和民宿的主人混熟后，她会让孩子自己去问民宿主人能不能让他们打短工赚取零用钱。在深入了解这里之后，她还会鼓励孩子写游玩攻略，通过分享自己的亲身体验赚钱。如果刚来这里的客人看了感兴趣，孩子还会带他们去玩，赚一点儿费用。我觉得这样的旅游方式比走马观花式的旅游带给孩子的帮助更大，不仅丰富了孩子的视野，锻炼了孩子的能力，还培养了孩子的财商。

旅行中的财商教育，其实不仅仅发生在旅途中，在旅行还未开始的时候，财商教育就可以开始。

不管是跟着旅行团玩还是自由行，我都建议家长不要自己全程包办。如果家长都规划好了，孩子只需要背上背包跟着走就可以，这样的旅游对孩子来说印象不会太深。我喜欢在出发之前就让孩子参与旅游计划的制订。如果是报旅行团，我们会对比不同团的路线和价钱，选择适合我们的，而不是一味地选最低价。我会先让孩子们想好他们想玩哪些项目，再看哪个团的路线跟我们的目的比较契合，然后再比价。如果是自由行，要准备的就更多了。

我其实更建议父母带孩子自由行，因为自由行的吃、住、行、玩都需要自己搞定，在孩子参与这些事情的过程中，他处理问题的能力和财商都可以得到大幅度提升。自由行首先要制定攻略。攻略做得好，旅途可以省很多钱而且轻松百倍。制定攻略非常锻炼人的规划统筹能力，这项能力也是财商培养的必备能力之一。在确定目的地之后，我们要先了解目的地有哪些地方可以玩，有什么特色。在确定要去的景点之后，规划出一条合理的路线，这条路线既要考虑到经济性，也要考虑劳逸结合，合理安排时间。规划路线的时候，还要考虑住宿地点，最好选择距离你要去的大部分景点都比较近的地方，如果你要去的景点很分散，那就选择交通便利的地方。一些比较远的景点，还要考虑是自己坐车去，还是参加当地的一日游。关于吃饭，最好提前选择几家作为备选，因为景点附近的饭店可能存在价高宰客现象，提前做好选择可以避开这个陷阱。此外，还可以事先了解旅游目的地的特产和纪念品。如果是出境游，还要考虑到手机漫游问题，是开通流量包还是办一张当地的短期卡……这些，都是要事先做好规划的。

攻略做好后，可以提前买好机票或者火车票，一般来说，越早订票折扣越大，特别是在寒暑假的时候。酒店也可以提前订好，因为旺季很容易遇到满房的情况。买票和订房的时候，可以顺便告诉孩子什么是旺季、什么是淡季、为什么旺季比淡季贵，这就是生活中的财商培养过程。

行李的准备，孩子也可以参与其中，我们要告诉孩子不同的地方气候不同，先了解当地的气候，再看需要带什么衣服。旅途中很可能会遇到一些突发状况，所以有些药品需要带好。有时在车上时间较长，可以带本书或者玩具打发时间。还需要了解旅途的辛苦程度，备些小零食。水是一定要带足的。建议孩子随身携带本和笔，记录旅途中有趣的东西。

多让孩子规划几次旅游，他的统筹能力绝对会大大提升，财商头脑也会有所提升。

在旅行中看到有当地特色的物品，如果孩子觉得这个物品很有特色，会有很多人喜欢，经过比对价格确实优惠，还可以考虑买一些回去转卖，让财商行为从旅途中延续到生活中。

旅行结束后，父母可以鼓励孩子把旅途见闻写出来，和旅游攻略一起发表在网络上，或者给相关杂志投稿，被采纳后还能得到相应的稿酬。

旅游，既能增长见闻，又能提升孩子的财商头脑，父母们一定要好好利用，开动脑筋激发孩子的参与兴趣，让孩子在旅游中有所乐也有所得，莫让旅游变成纯游玩。

财商教育锦囊

激发创意的“头脑风暴”游戏

“头脑风暴”是指一群人围绕一个特定的兴趣领域展开讨论，迅速转动大脑搜求各种方法解决问题的情境。人的创意是可以通过训练激发出来的，养成头脑快速运转的习惯，创意会越来越多。“头脑风暴”游戏有助于激发创意。

玩法：

选择一样物品，分组讨论，五人为一组，在一分钟之内想出所选物品尽可能多的用途。然后大家一起分享，想出用途最多的小组或者想法最奇特的小组获胜。

规则：

1. 禁止批评意见，鼓励发散思维，只要想得到，不管可不可行。

2. 欢迎稀奇古怪的想法，想法越是奇特，获胜的可能性越大。

3. 一定要有分享和讨论环节，把大家的想法集中起来，进行组合和改进，看会出现什么新创意。

投机取巧，赢了也是输！

我们培养孩子的财商，培养孩子的赚钱意识和能力时，也要注意告诫孩子千万不能唯利是图、投机取巧，不然很容易走入歧途。

人常常容易被一些能轻易获利的噱头吸引，这是人之常情，因为谁都不希望自己过得辛苦，如果有可以轻松获利的途径，被吸引是很正常的事情。

我们刚到以色列的时候，家附近有一条到马路对面的地下通道，我们经常要从那里经过，天天都有外国人在玩三个杯子的骗局，是典型的“帽子戏法”。按照往例，我们出门时，我会在每一个人的口袋中都放 50 谢克尔，而且是放在一个写了家里地址的信封里，以免万一走丢时没有自行回家的车钱。那天，我和女儿走得慢，走在后面，儿子走在前面。儿子在前面看到有人投了50谢克尔的赌注，猜中后马上赢了100谢克尔，结果他也投了50谢克尔，当然结果是被骗了。孩子说：“我看见前面的人赢了，就拿钱走了啊。”我说：“你知不知道前面的人是他们自己人呢？这个地下通道是贯通的，兜一圈那个‘托儿’又回来了，但是你却走了。”我告诉孩子，生活不是露营，不是野餐，没有从天而降的财富，想要得到就要付出努力。

接着，我指着那个外国人说：“我跟你都是移民，你怎么好意思骗孩子的钱？你不可以骗一个未成年人的钱。把钱还给他，不然我马上打电话报警！”事后，儿子向我致歉：“我不应该参加赌局……”我郑重地告诉孩子：“赌钱和吸毒，都是绝对不可以碰的。”

讲这个故事是要告诉大家，孩子之所以会去赌，是因为他觉得“哇，这个钱来得太快了，一下就多了50块钱”。可是现实情况是连自己原本的50块钱也一下就没了。当赌钱的事情发生后，我趁热打铁让儿子明白：投机取巧不可取，赢了也是输，人还是要脚踏实地。我们中国有“万丈高楼平地起”的说法，我说：“你如果想致富，想买好的礼物给妈妈，绝对不可以靠赌钱这种投机取巧的做法，你还是得踏踏实实地每天做些春卷、写些文章，有能力的话还可以翻译点东西，我们需要以平静的生活走向繁荣。我们是不可能靠赌钱致富的，因为只要你有赌的心，你就一定会输，投机取巧是赢不到未来的。”这是一次很好的教育机会，通过50谢克尔的小钱，让孩子明白了赌博的危害，从此会避开赌博，日后不会损失大钱。这件事也让儿子知道生活中有很多看起来很美好的诱惑，如果不能自律，不能守住自己的内心，想要投机取巧，很可能就会掉进陷阱中。

我还听说过很多因迷恋买彩票而欠下巨款的故事。也许真的有因为买彩票而一夜暴富的事情发生，但是这样的概率微乎其微，大部分人买彩票的钱都是石沉大海、一去不回的。有财商头脑的人不会想通过买彩票赚钱，因为这是机会主义的做法，自己根本无法把控。这不是投资，而是投机。

什么是投资？犹太人的专业说法是：牺牲或放弃现在用于消费的价值，用来获取未来更大价值的一种经济活动。靠投机是无法长久拥有财富的。在彩票上一而再，再而三投入的，肯定是缺乏财商头脑的人，才会一直做着一夜暴富的梦，才会一直怀着一种赌徒心态。

犹太富翁们都会告诫自己的孩子远离赌博，不要想着钱从天而降，钱是要靠自己的头脑和双手去挣的。永远不要过于贪婪，好高骛远，被金钱利益冲昏头脑，进行超出自己承受范围的投资。一旦有这种行为，很可能陷入满盘皆输的境地。我们给孩子财商教育，希望他们赚钱是一方面，至少不要负债累累。

我们身边有很多这样的案例。曾经轰动一时的"星海湾一家三口坠海"事件，就是因为这家的男主人没有足够的财商头脑，想靠投机赚钱引发的。男主人大学毕业后一直没有去找正式工作，靠投资比特币赚了不少钱，年纪轻轻就身价千万。这让他内心无比膨胀，不仅把自己的全部资产投进去，还从亲朋好友那里集资，想要赚得更多。结果正好赶上那段时间比特币暴跌，他一夜之间负债累累。无力偿还账务的他亲手杀死三岁的女儿，然后和妻子一起跳海自杀。多么悲惨的故事！特别是那个三岁的小姑娘何其无辜！如果他能够脚踏实地，能够见好就收，现在他们一家三口应该过着幸福快乐的日子。

投机取巧可能一时能赚到钱，但却无法长久。真正的大富翁都不是靠着投机取巧、坑蒙拐骗赚钱的，因为他们知道这样赚钱，自己的内心得不到安宁，而且靠投机得来的钱总有一天会需要归还的。

犹太人在赚钱方面一直脚踏实地，坚持诚信赚钱，不用欺骗的手段获取财富，所以犹太人不仅能赚到钱，还能让他们的财富代代相传。

犹太人把诚信视为经商的第一要务，他们喜欢堂堂正正地赚钱，不走歪门邪道。犹太人之所以能够获得“世界第一商人”的称号，很重要的一个原因就是他们重信守约，诚信经商，和犹太人做生意不用担心被骗。他们严格遵守契约，内心有一套严于律己的准则。这让他们得到很多信任和尊敬，这其实也是一笔宝贵的无形资产。

中国有句古话叫作“君子爱财，取之有道”，跟犹太人的经商理念十分接近。这是我们老祖宗生活经验和智慧的总结，但是现在仍有不少人被钱财迷惑了双眼，迷失了内心，被眼前一时的利益吸引，用投机

◎ 沙拉在耶路撒冷

取巧、坑蒙拐骗的方式去获取金钱，到最后一般都落得满盘皆输的境地。这就是因为没有守住自己的内心，不顾及他人的感受，这样的人可以骗别人一时，却骗不了一世。再高明的骗局也有被揭穿的一天，到那时候失去的不仅仅是金钱，还有他人的信任，最终可能会落得个众叛亲离、孤立无援的下场。

犹太人重信守约，他们对于坑蒙拐骗的人的态度也是很强硬的，认为这样的行为不可饶恕。如果你在和犹太人打交道的过程中企图投机取巧、坑蒙拐骗，一旦被他们发现，你可能就会被列入黑名单，再也没有合作的机会了。

通过在以色列生活的那些年，我的孩子们明白，想要长久地拥有财富，不能靠投机取巧，得靠脚踏实地地诚信经营。

我们刚回到中国的时候，整个经商环境还不是很成熟，有一些人会利用法律的空子赚钱，但是我儿子坚守住了自己的内心，没有被眼前的暴利吸引，他从以色列买了一颗颗小钻石回到中国来卖，并没有因为大家对钻石不熟悉而以假乱真。因为货真价实，儿子很快拥有了自己的忠实客户，这些客户又给他介绍其他客户，就这样，儿子靠着诚信经营一步一步地在上海的钻石行业站稳脚步，事业蒸蒸日上。试想如果儿子在从业之初，因为本钱不多而去卖假钻石，那么现在上海滩的钻石行业中，肯定没有他的一席之地了。

我很庆幸自己从小就教导孩子们要踏踏实实赚钱，不能因为一时的投机取巧能快速赚到钱而放弃自己的诚信。我一直告诉他们，犹太商人能在世界上占据那么重要的地位，犹太人的财富之所以能够代代相传，就是因为他们能坚守内心的准则。他们听进去了，而且做到了，才有了现在的成功。

▶ 财商教育锦囊

怎样掌控金钱，不被金钱绑架？

该赚的钱一定赚，该花的钱一定花，把金钱运用得恰到好处，这样才能掌控金钱，而非被金钱掌控。金钱就像一只隐形的手，主导着你人生十字路口的每一个转向及成败。若不能战胜自己的欲望，或没有赚钱的能力，就不能控制这只具有威力的手，接着就会被这只手控制，沦为它的奴隶。

想要不被金钱绑架，就需要提升自己的财商，提升自己的才能，培养为自己创造财富的能力，以既求才又求财的心态去工作。

创意，让财富翻倍

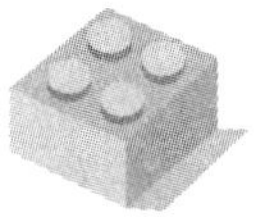

犹太人赚钱脚踏实地，但是同时他们也非常善于利用自己的头脑和创意赚钱。犹太人认为好的创意可以让一件商品的价格翻倍或者翻数十倍甚至成千上万倍，他们愿意为此绞尽脑汁。

一个开铜器店的美国籍犹太父亲问他的小孩：“一磅[*]铜的价格是多少？”孩子回答：“35 美分。”父亲说：“对，整个得克萨斯州都知道每磅铜的价格是 35 美分，但作为犹太人的儿子，应该说 35 美元。你试着把一磅铜做成门把手看看。”二十年后，这个父亲去世了，小孩长

---

* 磅：1 磅约合 0.5 公斤。

大后继续经营铜器店。

1974 年，美国政府为清理给自由女神像做翻新产生的废料，向社会广泛招标，但没人应标这一批垃圾。看到自由女神像下堆积如山的铜块、螺丝和木料后，这个年轻人未提任何条件，当即签字收购。很多人笑他购买了一堆无用的垃圾，觉得他这个举动很愚蠢。可是，没想到，他把这些不值钱的东西变成了大发利市的商品：

第一步，他把废铜熔化，铸成小自由女神像，再用水泥块和木头加工成底座，做成了抢手的纪念品；

第二步，他把废铅、废铝做成纽约广场形态的钥匙；

第三步，他把从自由女神像身上扫下的灰包装起来，出售给花店……

他让这堆废料变成了 350 万美元现金的大生意，让每磅铜的价格翻了整整一万倍。这个结果，让笑话他的人都惊诧了。纽约州的垃圾让他扬名成为传奇人物，而这一切都要感谢他的父亲从小对他灌输的财商：财富是一种创意，创意让财富翻倍。这是一个财商由娃娃抓起的经典实例。

我的孩子们在耳濡目染中慢慢领会了犹太人财商的精髓，在春卷生意中不断思考，不断想办法，靠自己的创新和创意提高收入。

小儿子跟我建议在制作传统春卷的基础上改良口味，满足不同顾客的需求。因此，我们自行开发了咖喱味春卷、辣味春卷、巧克力味春卷等多种口味，果然受到顾客的欢迎。大儿子想到了在学校开展“走进中国”的讲座，给大家介绍中国文化，顺便推销春卷的点子。而那次讲座确实引起了以色列同学对中国文化的兴趣，大大地促进了春卷的销量。

之后，孩子们仍然不时地想出一些点子来提高春卷的销量。一旦做生意成为生活主题后，生意经也成为他们生活的本能。让他们体验“不劳无获”、参与“做春卷买卖”成为我训练孩子彻底了解以色列财商的工具，这真是我始料未及的收获。不需要我去教他们，他们会自己去想各种办法去提高收入。

我曾经给孩子们分享过一个“椰菜娃娃”的故事，也是一个真实的案例。

美国奥尔康玩具公司曾经一度经营困难，面临倒闭，因为总经理罗勃的一个创意，公司起死回生，迅速在玩具市场抢占了一席之地，甚至引得人们在圣诞节前后的寒风中排长龙等待领养“椰菜娃娃”。玩偶娃娃是很常见的玩具，那么“椰菜娃娃”到底有什么魅力呢?

罗勃关注到当时社会上的“家庭危机”现象，很多父母离异给孩子造成了心灵创伤，而不能抚养孩子的一方也失去了感情依托，于是，他决定做一款逼真的婴儿玩偶。每个玩偶都有不同的发型、发色、容貌、服饰……可以供人们“领养”。为了让玩偶更逼真，每个娃娃身上都附有出生证、姓名、脚印，臀部还盖有“接生人员”的印章。“领养”时，还要签署领养证，公司甚至还举行“集体领养椰菜娃娃”的仪式，这一系列的举动建立了购买者和玩偶之间的感情链接，也使这个玩偶的身价高于普通的玩偶。根据顾客的情感需求，罗勃又做了一系列创造性的决定，在美国各地开设了“椰菜娃娃总医院”，公司员工扮成医生或者护士，“椰菜娃娃”诞生后放在摇篮里等待“领养”。公司还建立了生日档案，在“椰菜娃娃”生日时会收到公司的贺卡。另外，公司还开拓业务，生产与“椰菜娃娃”相关的商品，比如玩偶用的床单、尿布、推车、背包、玩具等等。这些创新让公司赚取了高额的利润，从濒临倒闭一跃变得欣欣向荣。

思路决定出路，这就是创意的力量。好的创意能让财富翻倍。财商高的人之所以能够源源不断地创造财富，就是因为他们善于动脑，不固化思维，时刻刷新自己的思路。开拓思维、更新思路，才会萌生出新的点子，发现新商机，创造新商机。

人对物质和精神的需求是永不满足的，而且这种需求不会一成不变，而是不断发展、不断提升的，这也在一定程度上推动了社会发展进步。作为商家，只有绞尽脑汁以优换劣、以新换旧，才能不断满足消费者的新需求。

我很喜欢这样一句话：**“如果你想要迅速致富，那么你最好去找一条捷径，不要在摩肩接踵的人群中去拥挤。”**靠自己的创意做潮流的引领者，才有可能把握先机抢占市场，在别人后面亦步亦趋只能捡别人剩下的。

有些人可能会说自己的本钱太少，没办法去创新。其实创意不一定要很高端，而是要想办法了解消费者的需求，柴米油盐中也可以产生创意。从日常的生活中发现创意，抓住商机，也是大有可为的，毕竟那是最基本的生存要求。在思考怎么能让大家生活得更便利、生活得更好的问题上，隐藏着无限商机。

犹太商人赚钱有一条黄金法则是“瞄准人们的嘴巴”，就是做跟吃有关的生意，因为人活在世上，吃是最基本的需求。由于现在受网购影响，商场的很多店铺生意一落千丈，但是餐饮行业和培训行业火爆

◎　沙拉在以色列投资环境研讨会上与企业家们合影

依旧。不要小看与日常生活相关的小生意，也不要认为日常生活很难创新。我们能拥有现在的生活，就是祖祖辈辈一次次创新的结果。

有财商头脑的人，都善于观察分析消费者的欲望，同时还善于开发消费者的欲望，在没有需求的地方创造需求。像女性的包，最初的作用只是装东西，但是现在包对于很多人，特别是女性来说，已经不单纯是装东西的工具了，而是身份、地位的象征。我们暂且不论这种攀比行为好不好，只说包和身份的联系并不是一开始就存在的，而是某个包的创造者抓住了这个点，把包分成不同等级，开发出限量版，满足了一部分人的虚荣心，让他们愿意为之买单，于是某些包的价格就远远高于它本身的价值。

有财商头脑的人，还善于发现问题、解决问题，而解决问题的过程中就包含创新的机会。美国人吉姆·瑞德的高尔夫回收公司的创立，是源自他有一次看到球手的球掉进湖里，一时冲动跳入湖中去捡球，却意外发现湖底满是高尔夫球。于是他灵机一动，请人打捞起这些球，洗刷干净，晾干，再喷漆出售。获得高额的收入后，他成立了高尔夫回收公司，年收入近千万美金。

商机无处不在，有财商头脑的人会利用创意让财富翻倍。父母只有从小培养孩子的财商头脑和创新意识，才能抓住机会。

▶ 财商教育锦囊

定期梳理家庭经济状况

想要赚钱，首先要了解自己和家庭的经济状况，但是经济状况不是一成不变的，这就要求我们定期梳理自己的家庭经济状况。可以从以下几个方面入手：

1. 本月花销多少；
2. 本月还贷多少；
3. 本月投资多少；
4. 本月还剩余多少；
5. 和本月的财务计划比较，看看哪些有出入；
6. 制订下个月的财务计划。

培养“钱生钱”的投资头脑

“怎样才能有更多的钱？”这应该是很多孩子甚至大人常常会问的问题。

首先，我们要让孩子知道工作是可以赚钱的，而且不同的工作有不同的报酬，如果想要通过工作获取更多的钱，那就必须掌握更多、更稀缺的知识和技能，自己拥有的更多，能获得的机会才会更多。这就是我不管我们家生活境况如何都要求孩子功课不能落下的原因。一个人想要赚更多的钱，自身一定要有积累。中华民族和犹太民族都是坚持“活到老，学到老”的民族，正是因为坚持不断学习，我们才能拥有长久的活力和创造力。

其次，我们要让孩子知道，如果想让我们拥有的钱变得更多，就要学会投资理财。如果只会把赚到的钱放进口袋或者锁进保险箱，是没有办法让钱变得更多的，通货膨胀还会让钱缩水。让钱流通，才能使金钱发挥更大的价值。

犹太人非常具有投资理财的意识，他们凭借过人的胆识、从容的风险意识，知难而上，获得了出人意料的成功。

众所周知，犹太民族是一个历经苦难的民族，虽然也曾穷困潦倒，但是他们自己站了起来，而且成为世界上最会赚钱的民族。这就得益于他们的投资理财意识，让他们即使在不好的处境中，也能发现机会。

你应该知道希尔顿酒店吧？那你知不知道希尔顿酒店的创始人是白手起家的呢？

希尔顿酒店的创始人康拉德·希尔顿出生在美国一个富裕的商人家庭，但是在他二十岁那年，美国发生了严重的经济危机，他在一夜之间变得一无所有。

有一天，饥肠辘辘的他在达拉斯市街头捡到一个红苹果，他想：这也许是上天送给我的早餐吧。正想大咬一口，可是又舍不得，想还是留到最关键的时候再吃。最终他也没有吃那个苹果，而是用那个苹果跟一个小男孩换了一支彩笔和十张绘画用的硬纸板。然后他把纸板做成了接站牌，1 美元一个卖了出去。

两个月后，他用卖接站牌赚到的钱制作了精美的迎宾牌，还雇了三个人给他打下手。一年后，他的存折上有了5000美元的存款，可是他仍然不满足。一次偶然的机会，他发现整个达拉斯商业区仅有一家饭店。他想，如果在这黄金地段建一家高标准、高档次的大型酒店，肯定很赚钱。于是，他请来建筑设计师和房地产评估师给他设想的旅馆测算，结论是至少需要100万美元的资金！

这与他5000美元的存款资金相差甚远。但他没有气馁，用手中的5000美元买了一个郊区小旅店。后来，他就有了5万美元盈利，然后请朋友一起出资，两人凑了10万美元，开始建设他理想中的酒店。

他以每年3万美元租金租下了达拉斯商业区拐角的一块地，又说服这块地的主人把土地作为抵押物从银行贷到了30万美元，加上原有的7万美元，就有了37万美元。这笔资金距离100万美元还是相差很大，于是他又找到一个富翁，希望和他一起建造这个酒店，这个富翁出资20万美元入股。这样，他的资金就达到了57万美元。

当工程建到一半时，他的57万美元已全部用完，他找到这块地的所有者，说服他出资，把建了一半的酒店继续完成，他对土地所有者说："酒店一完工，你就可以完完全全拥有它，不过你得租赁给我经营，我每年付给你10万美元租金。"

1925年8月4日，酒店建成，这就是著名的达拉斯"希尔顿大酒店"。建造这个大酒店的年轻人就是后来闻名世界的康拉德·希尔顿。

他创立的希尔顿酒店集团，在世界各国拥有数百家酒店，资产总额达7亿多美元。

从捡到一个苹果到拥有7亿多美元的资产，这笔巨额财富的积累，希尔顿仅用了十七年时间。如果当时希尔顿捡到苹果直接吃了，而没有想办法把苹果变成钱，也许现在就没有希尔顿酒店了。

这就是投资，一点儿一点儿把小钱变成大钱。拥有投资头脑，即使在困境中也有办法逆袭。父母要从小培养孩子的投资意识，让孩子知道投资不是有钱人的专利，普通人也可以拿出一部分钱去做投资，让钱生钱。但是同时也要让孩子知道投资不能投机取巧，不能豪赌，不要想着一夜暴富。投资需要有规划，不仅要对做什么投资有规划，不能把鸡蛋全放在一个篮子里，同时也要对家庭资金的使用有规划，不能把所有的钱都拿出去投资，这不是理性地投资而是赌徒的心态。

现在不少中国父母的投资意识不强，特别是经历过股市的动荡，很怕自己的钱拿去投资会有去无回。虽然说所有的投资都是有风险的，一般来说收益越大，风险越大，但是如果自己能掌握一些投资理财方面的知识，多积累经验，关注相关行业资讯，收集你感兴趣的公司的信息，那么就可以相对地规避一些风险。另外心态要能够稳得住，不被金钱波动控制，要知道投资盈亏都是正常的，成功时不冒进，失败时不一蹶不振，才能够理性地规划投资。

◎　沙拉参加学习型中国论坛

投资的方式多种多样，没有绝对好的投资方式，也没有绝对不好的投资方式。根据自己家庭的实际情况规划适合自己的投资方式才是最好的。

关于家庭资产配置，美国标准普尔公司曾调研全球十万个资产稳健增长的家庭，分析他们的家庭理财方式，总结得出“标准普尔家庭资产象限图”，供大家参考。它把家庭资产分为四个账户：第一个是现金账户，即日常消费要花的钱，占比约 10%；第二个是杠杆账户，即保命的钱，占比约 20%；第三个是投资收益账户，即生钱的钱，占比约 30%；第四个是长期收益账户，即保本升值的钱，占比约 40%。只有拥有这四个账户，按照相应比例进行分配，才能保证家庭资产长期、持续、稳健增长。

我在以色列的时候做的第一项投资是买保险。为什么呢？因为当时

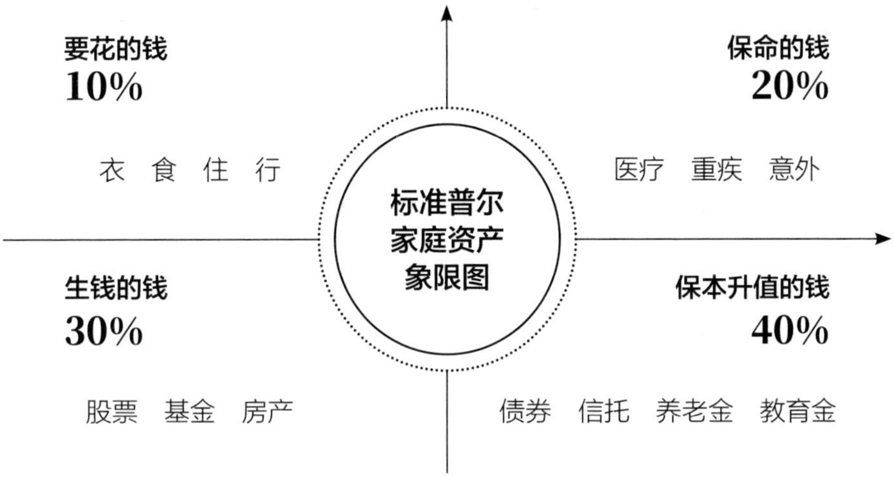

我一个人带着三个孩子到了一个陌生的地方，我就想到，万一自己出现什么意外，三个孩子要怎么生活？而保险在我看来是现在投资一定的金钱为自己和家庭的未来买保障。很多人可能会问为什么要对自己做这么不吉利的猜测，但我们不可否认的是，这个世界上意外时有发生，谁也不知道明天和意外哪个先到来。作为一个母亲，我不管在什么情况下最先想到的都是自己的孩子，我必须要给他们的未来一个保障，于是我想到了买保险。根据我家的实际情况，我当时买的险种是万一我发生意外，保险公司会抚养我的孩子到十八岁；如果没有发生意外，到了一定年限会开始返还部分钱。当时我们在以色列无依无靠，这是在我的条件允许范围内可以给孩子未来争取的最大保障。

我建议做父母的在条件许可的情况下为孩子买一份保险，具体买什么险种、买多少钱的保额，则要根据自己的家庭状况进行判断，没有统一的标准。现在市面上的保险产品很多，里面的陷阱也不少，我们在选择的时候一定要睁大眼睛。我相信合格的父母一定是最了解自己家庭的，一定能在听取各方意见后找到最适合自己的。

在所有的投资方式中保险重在为未来做保障，所以收益不是很高。

股市比较火爆，很多人把自己的钱投资买股票。在保证自己和家庭的生活和未来的情况下，把一部分钱用于投资股市，这是无可厚非的做法。股票收益较高，但与之相对的是风险也高，切记不能把家庭的所有资产都投放于股市，就算是在情形一片大好的环境下，也要守住底线。另外在进入股市之前，一定要给自己做好心理建设，赚和亏都要用合适的心态去接受，不然很容易出现极端事件，要知道因为炒股失败负债累累甚至自杀的事件不在少数。为了避免这种情况的发生，尽量把家庭资产分类处理，除了日常花费部分和投资，还要存一部分钱作为家庭不时之需。

如果家庭资产在保证现在生活和未来的情况下有结余想进行投资，还可以考虑基金、期货、债券等，虽然收益可能不如股票，但是相对来说风险系数也没有股票高。

每种理财方式都有自己的特点，我对孩子的要求就是要把资金做好规划：一部分用于生活，一部分用于学习，一部分用于理财。在理财方面，必须要有一部分用于银行存款，一部分用于保险，以备不时之需，其他的可以进行一些风险性高的投资。

“让钱生钱”是让自己财富快速增长的有效方式之一，很难有人能抵抗住诱惑。但是我必须要提醒大家，投资是有风险的，所以一定要合理地投资，把保持家庭稳定放在首位，拒绝一夜暴富的赌徒心态。

财商教育锦囊

犹太人十大投资法则

1. 了解金钱的价值与意义。

2. 合理安排消费和投资的比例。

3. 主动寻找机会。

4. 调整自己的投资心态，能够接受过程中的起伏变化。

5. 先了解产品再做决定，不盲目投资。

6. 善于利用各种信息和资源。

7. 尽可能减少投资成本。

8. 投资多样化，不要只盯着一个产品。

9. 根据实际情况灵活调整投资方案，不要一成不变。

10. 投资过程中如发现错误要及时承认并改进。

4

第 4 章

先有情商，才有财商

苛求完美的孩子走不远

让孩子学会“赚”幸福

天生我“财”必有用

好人缘才有好财源

吃亏也是一笔财富

做慈善也是一种投资

只为赚钱的职业一定不是最好的选择

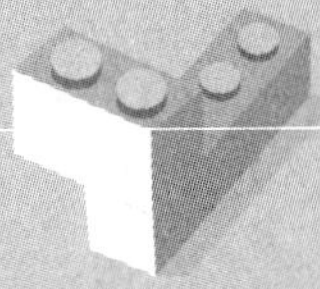

苛求完美的孩子走不远

前面我们讲了那么多跟钱有关的事情——什么是钱、怎么赚钱、怎么存钱、怎么花钱……大家可能会觉得谈财商就是在谈钱。其实并不是，财商是一种对人生综合资源的管理能力，是一种掌控和驾驭资源的能力。财商不仅包括金钱，更包括了健康、事业、人际关系和幸福感，等等。

财商教育不仅会教你怎样拥有金钱，也会教你一种能够在任何社会环境中独立生存的能力，这是影响孩子一生的思维方式。

我重视孩子们的财商，同时也特别关注他们的情商。在我看来，情商高的人才有可能拥有高财商。

现在，不少电视台有专门的财富类节目，我也有幸多次担任儿童财富类节目的评委。记得最清楚的是有一次参加第一财经的《财商童星》节目。那天考核孩子们的题目是：如果你的父母交给你400万，你将如何做打算？你准备投资哪个领域？然后你的资产怎么安排？

现场是小学和初中的两队精英在比赛。参赛的一共有十个学生，孩子们虽然年龄不大，但讲的内容非常丰富。

一个孩子说自己会拿一部分钱投资农家乐，他认为民以食为天，吃的东西是永远不会被淘汰的；还有个孩子说要投资医药，他还表示自己不会去投资研发药品，他要做的就是去找一些比较好的药，以团购的形式优惠卖给有需要的人；还有个孩子说自己会看股票行情，想拿出100万买股票，另外留出一部分钱给自己做教育基金，这样自己日后去留学时钱才够……十个孩子谈了十种假设自己有400万的分配方案。孩子们各自不同的想法都很有意思。

作为评委，我听了之后很感慨。我很开心，当这些孩子想到自己手中有钱时，他们会首先考虑在安全的情况下投资，我在孩子们的谈吐中感受到一种安全感。财富有时会带给我们刺激感，有时也会带给我们安全感。

我觉得孩子们都很聪明，也很好学，小小年纪便能在台上条理清晰地阐述自己的观点。当孩子安排理财的时候，他们都有各自不同的观点。因为每个人的成长环境不同，孩子的需求也不同，才会有缤纷多彩的答案。同时，当孩子们谈他们的理财想法的时候，我们可以看出他是一个什么样的人。财商、智商、情商都是相辅相成的，当你谈到一方面的时候，你一定会展示出另一方面。

在这场比赛过程中，发生了一点儿小意外。这十个孩子的名字里有的字比较生僻，主持人在介绍选手的时候，把六号小选手的名字念错了，但是序号是对的。六号小朋友上台后，看了一下主持人，一言不发。

主持人说："六号小朋友，请开始你的阐述。"

小朋友没有开始阐述，而是对着主持人说："我的名字一共三个字，你读错了两个。"全场一下子安静了下来。

主持人说："对不起，对不起，昨天晚上拿到稿子太晚了。"主持人道了歉，但一时还是没有想起孩子的名字应该怎么读。六号小朋友就一直盯着主持人不说话，台上出现了短暂的僵持。直到主持人说对了他的名字，他才绷着脸回过头面对评委和观众，开始了他的阐述。

你觉得这个孩子有财商头脑吗？一个没有情商的人，怎么可能有财商头脑？即使他的财商再高，被这样的情商影响，还有人愿意和他做生意吗？

其实，这个孩子的资金安排和计划非常细致、到位，讲得有理有据，但是在打分时，我给了他零分。也有其他评委老师给了他高分，可是我给了他零分。我认为我们做的虽然是财商节目，孩子总体的资金安排和理念都是很好的，但是一个孩子如果连起码的礼貌都做不到，在大庭广众之下为了完美而得理不饶人，日后是没有人会愿意跟他做大生意的。

我给了零分的那个孩子，我认定他是学校里的学霸，是一个苛求完美的孩子，是一个对自己要求非常苛刻的孩子。我在台上做总结提到这个孩子的时候，台下有一个人捂着嘴哭了。我相信那个哭的人一定是这个孩子的妈妈，因为我说的每一点都说到了父母的心里。一个人不可能十全十美，这个世界上也没有完美的人。这样的孩子，他自己累，家长更累。我给这个孩子评零分，是想告诉他，这个世界上还有很多东西是他要学会的。就算他的成绩永远是班里的第一名，但如果他不懂得设身处地为他人着想，不知道宽容对待他人，他就不应该是第一名。一个从小斤斤计较的孩子，日后是不会有大作为的，是无法走到最后的。

节目结束后，他的妈妈找到我，跟我说："你比我还要懂我的孩子。"她也同意我的观点，关于财富的安排，她的儿子讲得头头是道，但是过于纠结。一个过于在财富上纠结的孩子，是很容易失控的。换句话讲，他会经不起挫折，一旦失败，他会一蹶不振。一个人不可以百分之百地苛求完美。这次我给他评零分，相当于给他敲了一记警钟，让他学会放松，学会宽容，学会理解别人，学会原谅自己。

后来，那个孩子也来到我身边，他跟我讲："因为我的固执，我没拿到第一名。但我现在明白，名次已经不重要了，您告诉我的道理我学

◎　沙拉受邀参加第一财经《财商童星》节目

会了，我懂了。”他回去之后怎么做的我不知道，但是我很开心，这个孩子能这样说就证明他意识到了自己的问题。

财富不是洪水猛兽，它可以拿出来讨论。我建议有条件的学校开设财富主题课，组织孩子们讨论自己对财富的理解和安排，例如：“假如我有××钱，我会怎样安排？”相信可以激发每个孩子的想象力和财富头脑。如果孩子对财富的安排感兴趣，并愿意付出努力去学习更多这方面的知识，那么他将来可以去当一名理财师。如果我们的孩子对财富有更全面、更深刻的认识，就会少一些一夜暴富的念头，面对赌钱这种所谓能快速来钱的方式也能够抵抗住诱惑。

从一场关于财富的讨论，我们可以看出一个人财商、智商、情商各个方面的发展。

父母在费尽心思提升孩子财商时，一定要记住：情商是财商不可忽视的基础。孩子要学习财商，首先要学会做人。能够和他人融洽相处的人，才有资格谈财商。如果一个孩子从小不尊重他人、不体谅他人、缺乏责任心，试想，财富到了这样的人手里，最终会变成什么样？

进行财商教育，我们不应把目光局限在财富上，而是要把目标设定为让孩子成为一个值得拥有财富的人。要知道，财富只是一种工具，一种让我们能够幸福生活的工具。财商教育一个很重要的目标，就是让孩子拥有独立幸福生活的能力。一般来说，情商高的人更容易获得幸福，这也是我在进行财商教育的过程中一直强调情商的一个重要原因。

我在和孩子谈财商时，还经常强调的一点是团队精神。团队精神其实也是一种财富精神。我带孩子看足球赛的时候，会让他们把关注点放在团队精神上，而不是关注由谁起脚射门。因为一个球队想要赢球，仅靠一个人是不够的，就算他再有本事，如果没有人把球传过去，他也没法射门。财富也是一样，需要团队合作，靠单枪匹马很难长久。

我一直认为财富的最后归属，是家庭，也是社会。一个人也许可以走得快，但是一群人才能走得远，如果我们想要财富之路长远，就必须有一个稳定融洽的团队。所以我会告诉孩子们，日常生活中与人相处也是财商的一部分，不管做什么事，都不能只关注自己的利益，而要关注所在团队整体的利益，这样才能拥有一个凝聚力强的团队。

此外，我常常告诉孩子们，健康永远是第一位的。如果没有健康的身体，其他一切都是泡影。现在社会竞争压力越来越大，很多人以自己的健康为代价去追逐金钱，这是本末倒置的。记得某大型互联网企业员工深夜加班猝死的事件，在网络上引发了激烈的讨论。如果以透支身体甚至自己的生命为代价，赚了钱有什么用？我们追求的不是一时赚钱，而是长久地拥有金钱，健康的身体是重中之重。

生活中还有很多方面都与财商有着或紧或松的联系，比如信用、尊重、感恩，等等。父母在给孩子进行财商教育的时候，切记不能单纯谈“钱”。财商教育不是简单的关于如何挣大钱、发家致富的教育，而是关于如何拥有财富、使用财富的教育，更是关于如何最大化利用自己现有的资源和能力去独立生存、创造幸福的教育。

▶ 财商教育锦囊

如何提高个人信用评分?

个人信用评分代表着一个人的征信情况，征信情况越好，在办理信用卡、银行贷款时就更容易成功，现在还有一些社会服务也与个人征信相关。那么怎样才能提高自己的信用评分呢?

1. 及时还款。每个月的信用卡及时还款，可以展现出持卡人良好的信用记录。

2. 尽量每月全额还款。银行个人信用评分很大程度上基于持卡人的循环债务情况。一般来说，循环债务越小，银行个人信用评分越高。

3. 万一逾期，电话沟通补救。如果不慎错过了最迟还款日或是未还清欠款零头，一定要及时与发卡行客服沟通，申请“容时容差”服务。

4. 特殊情况时，巧用分期。如果某个月手里确实没钱还全款，可以办理信用卡现金分期或账单分期，给银行一笔“手续费”，以此提高银行对你的“印象分”。

5. 设定提醒，多查记录。很多时候，征信问题不是不能解决，而是错过了解决时间。可以在手机的备忘录中设置不同信用卡的还款时间提醒，另外多查还款记录，一旦发现遗漏及时处理。

让孩子学会“赚”幸福

我一直认为金钱和幸福之间有着千丝万缕的联系，想要通过赚更多的钱来达到更高的生活水准和更自主的生活模式，这样的想法是无可厚非的。我经常毫不避讳地告诉别人，我就是要努力赚钱让我们家生活得更好，而且我也确实那样做了，并且取得了成功。我想这是因为我骨子里有犹太人的基因，让我敢于追求金钱。

想要生活得更好，赚钱是一个重要途径。也许这个世界上有真正安贫乐道的人，但是这样的人肯定是少数，绝大多数的人想要生活幸福，还是要有一定经济基础的，因为我们生活在这个世界上，大部分的东西都是要花钱的。吃穿住行，样样要花钱，如果有孩子，生活花费会更大。如果没有钱支付生活必需的开销，每天为这件事而烦恼，幸福指数肯定会降低，“贫贱夫妻百事哀”就是这个意思。所以为了能让自己、让家人生活得更好，努力赚钱很有必要。

钱可以让我们买到很多东西，比如好玩的玩具、美味的食物、有趣的图书等等，钱可以让我们住上大房子，让我们常常外出旅行，这就是人们经常说的“钱不是万能的，但是没有钱是万万不能的”。我们的日常生活的确离不开钱，不过，这个世界上还有很多东西是金钱买不到的，比如爸爸妈妈的爱、友情、健康、学识和智慧，等等。

我们要告诉孩子，如果你将来赚到了钱，却没有赚到幸福，那么一切都是枉然的。幸福感的建立需要一定的经济基础。在一定范围内，幸福感会随着收入的增加而增加。我们需要用钱满足基本的生活需求，还有生活中的有些问题也是可以用金钱解决的。

那是不是可以说，钱越多，就越幸福呢？没有钱，就不能拥有幸福的生活？

并不是。幸福感的组成因素有很多。美国著名心理学家马丁·赛利格曼通过多年对幸福的研究，把构成幸福的五个要素总结为：积极的情绪；投入；良好的人际关系；做的事要有意义和目的；成就感。这告诉我们，幸福感更多的是与精神层面相关联，物质层面的追求对幸福感的影响没有我们以为的那么直接、那么大。相对来说，幸福感更多地受社会形势和个人心态的影响。

2020 年度的全球幸福感调查报告显示，与 2019 年相比，人们的幸福感更主要来源于人际关系与个人的健康和安全。在调查所提供的二十九个幸福感来源的选项中，55% 的受访者选择了身体健康。我想这是因为 2020 年新冠病毒肆虐全球，让大家对健康倍加看重。在病毒面前，不管你是有钱还是没钱，都有可能染上，病毒不会因为谁有钱就放过谁。这种大形势之下，健康肯定比金钱更让人感到幸福。所以，我们不要一味地迷恋金钱。

事实上，如果过分追逐金钱，反而可能损害幸福。我有一个朋友，他曾经一心为了赚钱，忽视了自己的健康，身体搞得一塌糊涂。同时也忽视了家人，最后老婆和他离婚，孩子也不跟他亲近。有一次，他满脸困惑地问我："我尽心尽力地赚钱，想让家人过上更好的日子，我有错吗？为什么他们都不理解我？"我告诉他，想让家人过上好日子，这想法是没有错的，但是方法错了！让家人幸福的方式，不仅仅是给他们钱，更多时候，家人需要的是陪伴和爱。我和我的孩子们也经历过没钱的日子，但是我们并没有觉得苦，仍然能感觉到幸福，因为我作为妈妈一直关爱着他们，而且会让他们感受到我的关爱，而我的孩子们也爱我，他们之间相处融洽，极少争抢，正是因为一家人一条心，所以我们在没钱的日子里，还能过着幸福的生活。

如果有了金钱，但是家人不和睦，每天争吵不休，你觉得这样会幸福吗？如果为了赚钱，都没有和家人相处的时间，你觉得这样会幸

◎　幸福感主要源于自己的内心

福吗？

说到底，金钱只是工具，幸福感主要源于自己的内心。不管富有还是贫穷，守住自己的心，就能守住幸福。

犹太人在这方面做得很好，他们追求财富，但是在特殊时期也能够安于贫穷，且不放弃自己的追求。在有钱的时候，他们会合理使用，不会挥霍无度。所以犹太人容易获得幸福，因为他们知道如何平衡金钱与幸福，在舍与得之间做好取舍。

犹太人爱钱，但是他们也爱自己的家庭，不会因为赚钱而忽视家庭。我在以色列的时候，不管是我的好友还是邻居，每周都至少会有一天是家庭日。他们热爱生活，珍惜健康，重视友情，追求独立，并非只关注赚钱一件事。

那么，到底怎样才能让孩子学会“赚”幸福，既拥有财富又拥有幸福呢？我们可以向犹太人取取经。

首先，摆正位置，不要成为金钱的奴隶。当你会合理地支配金钱、使用金钱的时候，你就是金钱的主人；当你只是为了金钱而忙碌，忽视了自己生活的乐趣，你就是金钱的奴隶。把金钱看作是一个工具，该挣的挣，该花的花，做好取舍，不要被金钱蒙蔽双眼，其实很多时候幸福就在身边，与金钱利益无关。

其次，不要去追求过于奢侈的生活。这一点要特别提醒我们的爸爸妈妈，现在大家的生活条件都好了，但是家长千万不要过度满足孩子的需求。很多时候孩子并不知道自己真正想要的是什么，有些需求仅仅是来自同伴之间的攀比。现在物质更新换代越来越快，家长如果一味满足孩子的需求，就会发现那是一个无法填补的黑洞，而且孩子也会变得越来越“物质化”。他们会变得过于重视物质，而不重视自己的内心以及身边的亲朋好友。他们会形成一个错误的观念：拥有的金钱越多，买的东西越多，就越快乐。他们在成年后，也会不断地追逐金钱和各种物质，无法触及幸福的本质。

再次，给家庭财产做理财规划。想要同时拥有金钱和幸福，这一点非常重要。我在前面的章节也提到过，一个家庭的资产要有一部分

◎　沙拉参加礼优妈妈中国行活动

用于生活支出，一部分用于教育，包括孩子的教育和自我的提升，还要有一部分用于储蓄，以备不时之需，另外一部分用于投资，让自己的钱有升值的机会。

最后，想要拥有幸福的生活，心态很重要，不要嫉妒别人比我们有钱，尽力守住自己的内心。一旦嫉妒，就很容易做出一些不合理的行为，比如投机取巧想一夜暴富之类，这很容易让自己一夜之间变得一无所有。在自己的经济实力基础上去追求金钱、消费金钱，不和别人比较，这样会大大提升你的幸福感。

另外，要不时地审视自己的金钱观和幸福观，你会对金钱和幸福之间的平衡把握得越来越好。

▶ 财商教育锦囊

计算商品“幸福价格”，提升幸福感

现代社会物质丰富，商家各种宣传手段和周围人的刺激总是会让我们不由自主地花钱买一些我们并不需要的东西。怎么才能确定想买的东西自己是不是真的需要呢？我们可以计算商品的“幸福价格”。

“幸福价格”并不是指幸福可以标价出售，而是计算一件商品可以带给我们的幸福感。首先想想购买这件商品可以让你感到幸福的程度，如果满分是5分，你给这个商品几分？用商品的总价除以幸福分值，你就可以得出商品的“幸福价格”。当你在两件商品中摇摆不定时，你可以试着计算“幸福价格”来作为参考。

天生我“财”必有用

犹太人非常重视知识和智慧，大部分犹太父母都会问他们的孩子这样一个问题：“当遭到歹徒袭击或遇到危难，必须逃命时，你会带着什么逃走？”

对于这个问题，回答“钱”或“宝石”都是不对的，因为无论是钱还是宝石，一旦被夺走就完全失去了。正确的答案是“智慧”。犹太父母是想通过这个问题告诉孩子们：宝石、金钱都可能被人夺走，或是被丢掉，但是智慧是一个人永恒的财富，它会永远跟着你，可以让你带着走，让你在任何地方都可以东山再起。

犹太人十分重视教育，在他们看来，知识及智慧是可以通过教育得到提升的。知识和智慧不可能被别人夺走。犹太人的教育也是很注重实用性的，老师们在讲课的时候，即使是深奥的理论，他们也会联系实际、深入浅出地讲解。我的孩子们很喜欢以色列的教育，他们觉得老师授课的内容很实用，他们听到的是非常务实的生存技术。当我听到孩子们的反馈时，我就更确定了：不要过早让孩子享受，而是要给他们好的教育，给他们生存的智慧！逃命时，能够带走的不是钱，不是宝石，而是智慧！事实确实如此。房子再多，遇到经济大萧条或者天灾人祸时，就等于零。

财富有很多种形式，中国人常用“时间就是金钱，知识就是力量”来强调时间和知识的可贵，但是一直以来我们都是把这句话当成一句口号来激励大家珍惜时间、努力学习科学文化知识。在以色列，我却实实在在地体会了时间、知识、智慧都是可以转化为财富的。

有一次，我想要一盘磁带，但是不想跑到很远的、靠近机场的音乐商城去买，就拜托一个开文具店的邻居帮我拷贝一份。邻居满口答应之后，很快就把磁带拷贝好拿给我，但同时他开口跟我要一笔费用。我真的吓了一大跳，因为他开的费用，比我跑去买全新的磁带价格还要高。我买一盘磁带只要 5 谢克尔，但他跟我要的费用是 25 谢克尔。等我说出我的困惑后，那个邻居非常不高兴，他说：“我的时间不是钱吗？我拷贝时用的电不是钱吗？我把这个东西拿来交给你，我坐车不要钱吗？这些不都是钱吗？”听了他说的话，我乖乖把钱给了他，心想：

这就是犹太人的金钱观，我应该要入境问俗，不能再用传统思维来想这件事。

类似的情形还有很多。还有一次，一位媒体朋友带一个社科院介绍的波兰代表团到我家，刚好一位懂波兰语的犹太籍老友也来了，大家就在一起聊天。没想到客人离开后，那位老友问那位媒体朋友："我今天的费用呢？"媒体朋友很茫然，但因为不清楚我和老友的关系，且因为重视友谊，不想让任何人下不了台，就给了她300谢克尔。这件事让我很感慨，在界限不清楚的情况下，这位老友真的有点差劲，同时我也明白，在涉及"钱"的问题上，犹太人的想法及做法确实是与众不同的。在犹太人的观念中，时间就是金钱，因为时间确实可以转化为金钱。你占用了我的时间，就应该支付相对应的费用。

从另一个角度来说，财富的元素是时间，由小钱存到大钱需要时间。财富是积累起来的，积累的过程就是存钱的过程，这个过程是需要时间的。把钱都积累到一起，也就是把钱存起来，在逐渐累积的过程中，随着财富逐渐增多，存的钱越来越多，才会逐渐富有起来。

这个道理很简单，不赚钱就没有钱可以存，不存钱就不会有大笔的钱做投资，没有钱、不存钱怎么会成为富豪呢？所有的理财专家都会告诉你，财富的元素就是时间。再小的钱，只要通过长时间的积累，就会变成大钱。既然存钱是一个漫长的过程，就要培养孩子的耐心，习惯延迟满足，以及懂得把小钱养成大钱。能在漫长的时间中静下心

◎ 沙拉参加 2020 教育者大会

来累积的人，更有可能拥有更多财富。

不仅仅是时间，知识和智慧也是财富的重要元素。

犹太人为什么富豪比较多？就是因为他们重视投资“大脑”，重视智慧与知识，所以即使经历了逃难、流亡，也能迅速再富起来！

知识就是力量，资讯就是财富！当学校课程讲到以色列移民法时，大儿子脑海里一下子就联想到自己家，他马上举手问老师，咨询相关法律流程。结果，他发现有一笔移民安置费我没有去领取，当天就兴冲冲地奔回家告诉我。我刚开始还不大相信，可是听他说得头头是道，我只好半信半疑地跑去咨询。没想到，我果真从移民局领回了 12000

谢克尔安置费。这笔钱对当时的我们家来说，不是一笔小数目。我一直想在以色列开一家中餐馆，边经营中国餐馆，边做春卷外卖。我还以为这个梦想需要一两年的时间才能实现，没想到，儿子这么快就用他学到的知识帮我圆了这个梦。

我总是对这件事津津乐道，大儿子说是因为他提供的信息，我应该给他提成，所以我非常乐意地给了他500谢克尔，我认为这是他懂得了“资讯就是财富”这一理念应得的报酬，我以他为荣！他学到的知识，改变了全家的命运，也改善了他的生活。我更高兴的是，他拿到钱后给我和他的弟弟妹妹买了礼物，我发现，一个人唯有自己具备赚钱的能力时，才会成为慷慨付出的人。

“知识可以转化为财富”在现在这个信息时代尤为突出，当今社会尊重知识，高科技人才越来越被重视。我一直很重视对孩子们的教育。他们现在事业已经很成功了，但是并没有放弃学习。现在新知识、新技术层出不穷，只有不断学习才能跟上时代的发展，不被时代抛弃。

天生我“财”必有用！终身学习，也是我们从犹太人身上学到的一个终身受益的习惯。

时间就是金钱，知识就是财富！父母要从小培养孩子珍惜时间、耐心等候、把握机会和坚持学习的好习惯。只要运用得当，我们所拥有的时间和知识都是可以转化为金钱的。

财商教育锦囊

投资自我，提升财富竞争力

“股神”巴菲特在接受《福布斯》杂志采访时说：“有一种投资好过其他所有的投资，那就是投资自己。没有人能夺走你自身学到的东西，每个人都有这样的投资潜力。”在科技高速发展、信息更新快的现代社会，只有不断地提升自己的知识和能力，才能在竞争中取得优势。

投资自己，可以从以下几个方面进行。

1. 投资你的大脑。现在知识、信息更新快，坚持活到老，学到老，不断充实自己的头脑，才能有更多独到的思维和见解。

2. 投资你的身体。身体是做一切事情的根本，每天适当运动、合理饮食、规律作息，保持健康的体魄。

3. 投资你的形象。与人交往，第一印象很重要，好的印象可以让自己事半功倍。得体的穿着、恰当的妆容会让人的气质得到提升。

4. 投资你的人脉。我们不管做什么，最终都是要和人打交道。俗话说“朋友多了路好走”，多积累些人脉，会得到意想不到的帮助。

5.投资你的见识。多和不同的人接触，多去不同的地方走走，眼界开阔了，见识提升了，一个人的思维也会随之开阔。

好人缘才有好财源

想要拥有财富，免不了跟人打交道。但是良好的人际关系不是天上掉下来的馅饼，它需要长年累月的积累和维护。“石油大王”洛克菲勒曾经这样感叹：“与太阳下其他所有能力相比，我更关注与人交往的能力。”美国前总统罗斯福也曾经说过：“成功的公式中，最重要的一项就是与人相处。”他们之所以会有这样的感叹，是因为他们深知人脉资源的重要性。事实上，大部分成功人士都善于社交，善于维护人脉资源。

犹太人特别善于与人交往。因为犹太人散居在不同国家，要与不同国家、不同民族的人打交道，所以他们深刻理解人际关系对于成功的重要性。犹太人认为：一个成功的人，15% 是依靠专业技术，85%

是依靠人际交往。

犹太人非常喜欢与人沟通，不管是在咖啡馆喝咖啡，还是在乘地铁过程中，都能和别人聊起来。我有一次去北京出差，酒店的老板跟我讲有个犹太人特别喜欢每天到酒店的咖啡馆报到，有时和工作人员聊天，有时和客人聊天，听听每天都有什么事。

其实大部分犹太人都喜欢与人聊天，而且话题广泛，与不同的人聊不同的话题。同时犹太人也擅长从不同的聊天内容中寻找对自己有利的信息，发现商机。比如这个犹太人和服务员聊天，那他就知道最近都来些什么客人，他们都喜欢吃些什么。他会和客人聊天，有些客人是老板或者生意人，他们之间还可能谈到一些当前的困惑和瓶颈等。

◎　沙拉在以色列海法与浙江企业家合影

他回家之后就会琢磨，这些问题应该怎么解决？有了答案之后，第二天再来跟这些服务员和客人聊天，把自己的想法说出来。一方面是信息输出，另一方面也抬高了自己的身份，给他人留下好印象。

犹太人与人沟通非常有技巧，非常大气，就是你可能根本感觉不到他是在索取什么，但其实犹太人获取信息的方式非常多。在和你沟通的时候，他能从你无意当中说出的一些话里寻找到商机。但是他不会刻意去问你，他们善于自己发现，所以即使他们在和你沟通中有很大收获，也不会让你觉得很突兀或很功利，因为聊天的内容本身是很守规矩，不会越界的。

我的孩子们在以色列充分学习了犹太人的社交法则，一改在国内内向的性格，开始主动地与人交往，积极地向同学、邻居、朋友甚至陌生人介绍中国文化。后来，在我们居住的谢莫纳镇，我的孩子被大家公认为“外交大使”。而他们积累的好人缘也帮了他们不少忙，比如孩子们的同学和朋友如果有认识的人办聚会需要点心，就会主动介绍我们家的春卷给聚会的举办人，帮我们开拓市场。而且还有好几次真的通过孩子的同学介绍谈成了生意，孩子们一步步地开拓出了自己的客户网。

犹太人培养孩子人际交往能力的时候，特别注重外语能力的培养。这大概是因为犹太人曾经一度漂泊，居无定所，在各个国家寻找机会的时候发现了语言能力的重要性。试想你到了一个新的地方，如果会说当地的语言，就会更容易融入当地社会。而且普遍来说，语言和文化是有关联的，当你学习一个国家的语言时，你自然会对他们的文化、习俗有所了解，日后当你到了这个地方，就不会显得格格不入。

犹太人积极鼓励孩子多学习几门外语。他们认为：会说几门外语，你就具有几个人的价值。多一门外语，多一份生意。外语的学习也帮助犹太人在跨国贸易中取得了先机。我的孩子们到了以色列之后，看到周围的人都精通几门外语，也开始努力学习希伯来语和英语，后来水平突飞猛进。小儿子在打工期间偶遇以色列国防部部长，当时小儿子并不认识他，但依然热情招待，因为希伯来语说得流利和举止大方得体，还意外获得了去服兵役的机会。

想要拥有良好的人际关系，平时与人交往时更要注意细节。我的朋友非常多，我交朋友的时候，不论他们身份地位如何，我都会以礼相待、以诚相待，自然而然也得到他们的信任和喜爱。朋友们也愿意把他们的朋友介绍给我认识，这样我认识的朋友就更多。在我的言传身教下，孩子们也能做到真诚待人，所以不管是在以色列还是回到中国，他们都迅速拥有了自己的朋友圈，生活得如鱼得水，丝毫没有隔阂感。这些人际关系的建立，也帮助了他们事业的发展。

当你的人际关系网越来越大，你能获取的信息就更多，能获得的机会也更多，赚钱就会变得相对容易，人际关系网就会成为你的资产。

我们在告诉孩子如何才能打造良好的人际关系网、做一个受大家欢迎的人时，犹太人的下面这些做法值得借鉴。

第一，对人有礼貌，真诚待人。与人交往时，不要带有功利心，让别人看到你的真心，你自然也能慢慢收获别人的真心。礼貌体现了一个人的涵养，有礼貌的人给人的第一印象会更好。

第二，在人际交往中，不要以自我为中心，多从他人的角度考虑问题。避免独断专行、刚愎自用、自私自利。

第三，学会倾听，切记言多必失。倾听是一种非常重要的能力，一个善于倾听的人，有时比能说会道的人更能获得别人的信赖。管好自己的嘴，多听多看，眼观六路，耳听八方。

第四，遵守时间，信守诺言。对于自己没有把握的事情不轻易许诺，言出则必行。千万不要迟到，这是对人很不尊重的一种表现。如果实在由于某些原因不能在约定时间赶到，一定要提前打招呼。

第五，学会微笑。微笑是进入一个陌生环境、与陌生人打交道很好的敲门砖，是向别人表示友好的最轻松的一个标志。微笑，会让气氛更轻松。

第六，真心地赞美他人。诚心点赞、真心赞美，善于寻找对方身上的优点，及时赞美。

第七，学会助人，学会感恩。助人是快乐之本，养成帮助他人的习惯，会给自己带来更多的机会和发展空间。对于帮助过自己的人，更要心存感恩。

第八，严于律己，宽以待人。遇事要先从自己身上找原因。处理事情的时候，要有自己的原则和底线，但是要掌握方法。在生活中我们不可避免地会与人发生冲突，请记住要就事论事地解决问题，不斤斤计较，不要进行人身攻击。如果是对方的过错，也要试着原谅对方。

第九，与人交往要把握好度。热情自然是一件好事，但是要注意界限，即使是好朋友，有些隐私也是不应该去打听的。另外，尽量不要和朋友有金钱往来，一旦跨过金钱这条线，友情就很容易变质。

第十，保持幽默。犹太人把幽默看作精神食粮，在尴尬场合，适当的幽默可以改变氛围。但是也要注意把握尺度，不能把讽刺当成幽默。

充实自己，真诚待人，打造高质量的人际关系网，会为你的财商之路助力不少。

财商教育锦囊

高品质人际关系网中
不可或缺的八种人

1. 医务人员。不管什么时候，健康始终是第一位的。医务人员可以给你一些专业的健康提示，万一你不幸生病，还可以给你一些资源上的帮助。

2. 银行工作人员和其他金融、理财行业工作人员。不是每个人都善于理财，但是如果有懂这方面的朋友，他们可以给你一些专业的建议。银行工作人员还可以在你出现资金问题的时候，给你一些建议和帮助。

3. 当地公务人员和警察。虽然我们会觉得普通人的生活跟警察打交道不多，但其实不是这样的，像子女就学、户口迁移、遭遇小偷等这些事情都是需要警察处理的。认识当地的公务人员和警察，可以给你带来很多便利。

4. 律师。现在是法治社会，遇到问题最好通过法律解决。有熟悉的律师可以省掉很多麻烦。

5. 保险从业人员。很多人都希望购买保险给自己的未来一些保障，一个保险行业的朋友可以从专业角度帮你避开保险中的诸多陷阱。

6. 媒体工作人员。媒体是很好的宣传助手。

7. 猎头。猎头手上的工作资源多，对行业了解也更多，也许有一天你要换工作，他们可以帮你推荐或者给你一些专业的建议。

8. 名人。名人效应大家都知道，不必细说，就看你用什么方式去结交了。

吃亏也是一笔财富

财富之路不可能一帆风顺，吃亏和失败是常有的事情。在遭遇逆境的时候，大部分人的反应是灰心丧气，更有甚者会一蹶不振，但是犹太人却能在吃亏和失败中学会忍耐和等待，总结经验教训，找准时机东山再起。我们要让学习和改变贯彻一生，无论成败都要“经得起”。

现在不少孩子由于父母娇生惯养，一旦吃一点儿亏，就觉得是天大的事。其实，人生在世，谁没有吃过点亏？我在以色列生活时，也曾经吃过犹太人的亏。有时吃亏也是一笔财富，关键看你怎么想。

去以色列之前，我们家在上海用的是全自动洗衣机。但刚到以色列时，我们家里什么家具、家电都没有，都需要重新采购。睡觉用的床、吃饭用的桌椅和厨房用具，这些都是无法省下来的。冰箱是必须买的，但是洗衣服我可以用手来解决，就暂时没有买。凡是可以通过我自己劳动解决的，都不在我的购买清单里，所以我家一直没买洗衣机。

我从上海带来的搓衣板，原本是想用它来洗必须手洗的衣物和一些小毛巾的，后来因为一直没买洗衣机，我就把它架在浴缸里，用手一一搓洗每件衣服。就这样，我手洗了半年多衣服，就是没有舍得去买一台全新的洗衣机，因为那需要3000—4000谢克尔。

但是，洗衣服时，全家四个人的衣服实在太多。有一天，我发现自己的体力实在是不够用了，刚好楼下的一个邻居告诉我，有人在卖一台旧的洗衣机，只要250谢克尔。这个价格符合我的省钱原则，于是我立即去了她家购买。那个女主人把电插上后，说："你看，洗衣机灯亮了，它可以正常工作。"我看到洗衣机在转，没有多想就把它买了下来。

我把洗衣机搬回家后，请邻居帮我接好水管。加满水后，一按开关，洗衣机不但没有工作，整个房间的电路都跳闸了。

当时我的内心很崩溃，原先期待当晚不用再手洗衣服的喜悦立即被难过取代。我赶紧找维修工人来看是什么情况。维修工人过来一看，很讶异地说："这台洗衣机，不就是某某家的吗？我已经告诉他们了，这台根本修不了。已经完全不能用的洗衣机，为什么还拿来卖？"维修工人也很气愤，因此没有收我本来应该给他的20谢克尔上门服务费就走了。听了他的话，我知道自己是被黑心人欺骗了。

我很生气地跑到那一家。男主人对我爱答不理的，而卖我洗衣机的那个女主人冲出来了，凶巴巴地说:“我卖给你的时候，通电给你看了，你自己当时也看到通电后灯是亮的，说明卖给你的时候，洗衣机是可以工作的，是你自己搞坏了！”我告诉她，洗衣机加了水就不工作，她应该还给我 250 谢克尔。没想到，她大声地冲我吼道：“2 谢克尔都不会还给你，走走走！等你哪天像我一样有钱了，就去买一台新的。”她指着房间里的一台新洗衣机，对我大吼：“走！”

我带着复杂的心情回到家，又花了 20 谢克尔找人把这台坏洗衣机送回到她家门口。

我没有流泪，这次的吃亏经历让我明白一个道理：买东西时，一定要做好充分的了解，对商品做全面的检查。

之后每次买东西，我都会在给钱之前认真查看，因此再也没有发生过这样的事情。虽然在这件事上我吃亏了，但是这 270 谢克尔的损失，让我避免了今后更多的损失，我觉得这也是一笔财富。如今，我依然感谢那个卖我坏洗衣机的女人。

我的儿子也曾有过一次吃亏经历。有一次他从同学那里买了一辆二手自行车，我当时就给儿子打了“预防针”：“你一定要当心，可以的话再配一把锁，因为车子之前的主人可能还有钥匙，这车子有可能会丢。”我把从中国带去的一个环形锁交给他，要他加一个锁。可是，一个月后这辆车子就在学校门口被偷了。

我问儿子是否把两把锁都锁上了，儿子沮丧地说："我骑了一个月，觉得挺安全的，所以就没锁环形锁，只锁了原来那把小锁……"这就是我预料中会发生的事。这次的教训，让儿子从此知道：很多事情要防患于未然，为了一时的方便，可能会造成无法挽回的后果。这个教训他时刻记在心中，让他在今后的生意中避免了很多损失。这是一笔多么可贵的财富！

在人生成长道路上，吃亏是不可避免的。古话说得好，"吃亏是福"，"吃一堑，长一智"，吃亏之后不气馁，想办法挽回，好好总结经验，可以避免以后再吃同样的亏。

我们经常说"失败是成功之母"，其实一次或者几次失败并不可怕，只要善加利用，失败也会是一笔财富。

炼乳的发明者盖尔·博登，就是在无数次的失败后不放弃，最终获得成功的典型。其实盖尔·博登并不是一个专业的发明家，他做过土地测量员，做过报纸编辑，后来在一次旅途中看到因食用变质食物而死亡的儿童，决定致力于食品加工业。他曾发明过不少东西，但都因为缺乏市场价值没能问世，他也只能靠干零活来维持生计。在炼乳这一事业上，他跌跌撞撞遭遇很多次挫折仍不回头，直到五十六岁时，他才成功研制出了炼乳。

在申请专利时，博登又遭遇了失败，专利局以缺乏新意为理由驳回了他的申请，但是他仍然坚持不放弃，一次又一次申请，终于在第四次申请时获得了批准。

之后，炼乳走向市场之路依然坎坷。很多顾客觉得炼乳稀奇古怪，不敢尝试，很长一段时间无人问津。合伙人对他的产品失去信心，第一家炼乳厂被迫关闭。

但是博登仍然不放弃，他抱着破釜沉舟的决心建立了新工厂，这一次终于获得了成功，博登彻底改变了奶制品行业的经营模式，成为美国颇具影响力的炼乳公司。如果没有博登的坚持不懈，我们现在可能吃不到炼乳。

博登的墓志铭上有这样一段话："我尝试过，但失败了。我一再尝试，终于成功。"这是对博登一生的总结，也是很多成功人士走过的路。

人在一生中多多少少会遭遇挫折和失败。从失败中爬起来，总结经验教训，继续奋斗，我们就有可能成功。如果在失败后一蹶不振，那就是永久的失败了。

现在很多孩子的抗挫折能力特别差，每次听到有孩子因为一点儿挫折就选择轻生的消息，我的心里就会特别难受。建议我们的父母多给孩子讲讲那些成功人士所经历过的失败的故事，让孩子们知道这个世界上很难事事一帆风顺，总会有这样那样的失败，如果遭遇一点儿小小的失败就放弃自己的生命，就永远不可能享受到成功的喜悦。告诉孩子每一次的失败中都隐藏着财富，不要被失败打垮，站起来从失败中寻找原因，你就拥有了一笔可贵的财富，那是花多少钱都买不到的。

财商教育锦囊

如果金融危机发生，如何保护自己的财产？

根据世界金融市场的规律，差不多每十年就要爆发一次金融危机。从以往资本主义国家金融危机发生的情况看，对普通大众来说，要想在金融危机中保护自己的财产，可以考虑以下几种方式来规避。

1. 现金为王，尽量抛售手中的有价证券和固定资产。当金融危机发生的时候，股市大跌是必然的，房地产价格也可能会下降，而且房产不能快速变现。如果机会合适，最好尽量抛售。

2. 分散资源，适当购买黄金、白银等来保值。当经济危机发生的时候，黄金可以说是最安全的资产了，适当购买一些贵金属有助于抵抗金融危机。

3. 投资生活必需品，储存大量可消耗的生活物资。不管什么时候，人的基本生存需求都是需要得到保证的。当经济危机来临的时候，与生存相关的生活用品的价格将会大幅上涨，储备日用品，可以避免在危机来临时付出更大的成本。

做慈善也是一种投资

对于犹太人而言，财产固然重要，但也可以分给更需要它的人们，所以犹太人并没有把金钱看得很重。他们善于赚钱，更善于把钱用到有意义的事情上，其中一项就是做慈善。这是因为财富的最终目的是利人，爱的能力是人最大的财富。在以色列生活的那几年，我深刻体会到了犹太人的慈善之心，也真正理解了我父亲一直以来的慈善行为。

微软创始人比尔·盖茨在宣布退休时，将580亿美元的个人资产全部捐给慈善基金会，创造了“裸捐*”之最。美国“钢铁大王”安德

* 裸捐：把特定范围的个人资产全部捐出。

鲁·卡内基说："富人如果不能运用他所聚敛的财富来为社会谋福利，那么就是死去时也是死不安稳的。"在真正有财商头脑的富人们看来，慈善是自己必须做的事情。

我最初的慈善行为是受到父亲的言传身教。由买菜到照顾工人，父亲身体力行地告诉我，拥有爱心、传递爱心是每个人都应该具备的美好品质，这是父亲所受到的犹太教育在他灵魂深处烙下的印记，后来他来到中国，也没有忘记尽自己的努力帮助身边的人。

富人热衷于做慈善，是因为他们想把钱用到更有意义的事情上。他们认为要先付出才会有回报，所以犹太富翁喜欢做慈善来回报社会。而且从长远来看，慈善并非单方面的付出。他们的善良，也在无形当中给他们带来了好名声、好影响，从一定程度上说，做慈善也是一种投资，是一件双赢的事。

现在很多中国人的慈善意识在加强，不少企业、名人都积极参加慈善活动。我也常听到有人说："我现在没有富余的钱，等我存够钱再去做慈善。"其实，慈善并不是有钱人的专利，做慈善不一定要用钱，正如中国的俗语"有钱出钱，有力出力"，只要心怀一颗慈善的心，每个人都可以做慈善。

《富爸爸穷爸爸》一书中，两位爸爸对于慈善的态度可以给我们一些启发。穷爸爸总是说等有多余的钱就捐出去，但是终其一生他都没有多余的钱，也就没有做什么慈善。而富爸爸则认为钱要先付出才会有

◎　沙拉参加公益讲座

回报，不管自己是贫穷还是富有，他都定期捐出一部分钱回馈社会，结果他越来越有钱。

我认识的犹太家庭都会带孩子参加慈善活动，不管他们自己的生活条件怎么样，他们都会在自己力所能及的范围内帮助他人。

我很喜欢做志愿者，也坚持在医院做志愿者。孩子们在我的影响下，也很乐于帮助他人。我可以很自豪地说，我儿子愿意把钱用来帮助需要帮助的人，跟我对他的教育分不开。我在参加新华医院的义卖活动时，买了志愿者阿姨亲手做的一只熊，送给做心脏手术的小朋友。250元，不是很多的钱，但想到这只熊能给生病的小朋友带去温暖，这笔钱我花得很开心。

我在医院做志愿者的时候，遇到家庭经济困难的病人，我都会主动提供帮助，我很庆幸我有能力帮助一些人。**我觉得用钱多做一些有意义的事情也是理财——把财用到了最需要的人身上，才是发挥了财富的最大价值。**

女儿在以色列长大时，家里的经济状况已经逐渐好转了，她没有吃过苦。为了让女儿懂得爱别人、有慈悲情怀，我常带女儿去敬老院探望孤独的老人和长期卧床的病人，借这样的机会，我带孩子感受爱、传递爱，也帮孩子树立“利他”的人生观。

当我们为老人倒茶，跟老人们嘘寒问暖时，女儿学到了如何对长者表达敬重与关怀；当我们唱些老歌，引起老人的共鸣时，女儿知道了老人们更需要的是心灵的安慰；当我们帮老人按摩那布满皱纹的脸庞时，我想让女儿明白：人都会衰老，都会步入生命的这一段。

我现在也会带我的孙女贝贝做志愿者。每次结束之后，贝贝就会跟我说：“阿婆，今天我收获特别多，我帮助了别人，觉得很开心。以后我要好好学习，学好本领，帮助更多的人。”有时孙女还会把自己的零用钱捐出去，因为她在跟我做志愿者的过程中看到了很多需要帮助的人，所以她想在自己的能力范围内尽可能多地帮助他人。

2020 年春节，新冠疫情汹汹袭来，从新闻报道中看到武汉的医院缺乏防护物资，孙女毫不犹豫地拿出自己的压岁钱，请爸爸妈妈帮忙联系，希望能为武汉尽一份自己的力量。孙女跟我说：“虽然今年的压岁钱捐出去，自己就没有零用钱买想要的东西了，但是想到能帮助到辛辛苦苦跟病毒做斗争的医生和护士们，就觉得很开心。希望我们可以快快战胜病毒！”孙女的话让我感到很欣慰，她能自发地想到尽自己的努力去帮助他人，这种利他行为就是慈善。

做慈善，是每个人都应该具备的意识，并不是富翁们的特权。我们每个人都可以用自己的爱心去帮助他人。有钱出钱，有力出力，重要的是带着自己的爱心行动起来，传递爱，分享爱，在这个过程中，你一定会收获很多意想不到的东西。

带孩子做慈善，既能培养他们的爱心，又能培养他们的财商，对他们以后的财富之路非常重要。我们在潜移默化中教会孩子们分享、承担责任和爱。愿意分享、有责任感的人，会在财富之路上走得更稳、更长远。

做父母的要以身作则，多带孩子去参加慈善活动，为孩子树立慈善观念，让孩子体会到助人的快乐。比如，带着孩子在小区组织跳蚤市场，把不用的书和玩具卖掉，得到的钱捐给慈善机构或者有需要的人。一个朋友跟我说，当他们给当地的慈善机构捐款后，慈善机构还给他们颁发了一份证书，孩子们看到证书后可激动了，这种被需要的感觉远远胜过卖东西收到钱的喜悦。

爱心是需要传递的，只有人人都充满爱，这个世界才会变得温暖。父亲教我做慈善，我教儿子女儿做慈善，希望看到这本书的你也开始把关爱送到你身边那些需要帮助的人身上。

▶ 财商教育锦囊

孩子可以参加的慈善活动

1. 爱心捐助。学校或者社区举办募捐活动时，家长可以带着孩子积极参与。

2. 照顾或领养无家可归的小动物。可以带孩子去动物保护机构，让孩子了解救助和保护动物的知识，并鼓励他们以成为志愿者或领养等方式贡献自己的力量。

3. 去敬老院。可以带孩子去访问敬老院，和老人聊聊天，给老人唱唱歌，陪伴老人。

4. 给生病的孩子一份礼物。有一些生病的小朋友在医院很孤单，需要关怀，家长可以关注这方面信息，带着孩子给生病的孩子准备礼物，鼓励生病的孩子勇敢战胜病魔。

5. 捐赠二手玩具和书籍。把自己用不上的玩具、书籍、衣服捐给需要的小朋友，最好能让孩子自己写一封信放在包裹里一起寄出。

6. 筹款活动。有些公益组织会组织大家参与义卖等筹款活动，家长可以带孩子去参加，最好能让孩子知道筹款的钱用来做什么，有机会去看看自己所资助的项目，这样做对孩子的触动会更大。

7. 社区公益活动。有些社区会提供一些小志愿者岗位，可以鼓励孩子积极参与。

8. 公益的体育运动。有的公益组织会举办一些体育运动，鼓励孩子参加健步走、跑步等运动，将收入捐赠给有需要的人。

只为赚钱的职业
一定不是最好的选择

我有一个好朋友是以色列特拉维夫一家医院的院长。有一天，我和他聊起了孩子职业选择的话题，他对我说他儿子想考医学院时，他这样告诉他儿子："如果你只是想要赚钱，那你就要重新再思考一下。"

我当时听了他的话大吃一惊，问他原因。不是有很多年轻的学生，为了将来能有一份收入好的工作，才拼命地要考医学院吗？我知道有不少父母是出于这个原因让孩子报考医学院的。

他说他并不反对孩子学医，但是他希望孩子明白，医生行业很辛苦，如果没有治病救人的理想，只是受金钱力量的驱使，那么他将来也不会成为一位好医生。他一再强调："我不想左右孩子的未来，但是，我会给他这样一个提醒，让他再重新思考一下自己的选择。”

在以色列那些年，我真真切切地感受到犹太父母是真的尊重孩子的独立性，给孩子选择的自由，不会对孩子的未来指手画脚。这种后退一步、让孩子自己做选择的家长在以色列很普遍。犹太父母正是因为爱孩子才选择退居二线，他们认为这是对孩子未来负责任的一种表现。他们相信孩子有自我思考能力，也有自我选择能力，父母只要稍微给点建议，让他们建立自己的坐标，寻找自己的价值，决定自己的未来。

犹太父母认为，如果按照父母的意愿逼孩子做他们不喜欢的工作，孩子不会真心投入，这样无法让孩子的价值得到充分发挥，也无法让这份工作的价值得到充分体现。与其如此，还不如分析孩子们的特质，做他们的参谋和军师，帮他们找到兴趣和愿景，然后自己退居二线，引导孩子走向更广阔、更富有理想的未来世界。

受犹太文化影响，我让孩子们自己决定自己的未来，我会给出建议，但我会让孩子自己做决定。老大想考上海外国语学院，他说他的理想是当一个作家，在不冒任何投资风险的前提下赚取利润，我赞成；老二决定进入旅游高等专业学校，想成为专业的旅游人才或开办自己的旅游公司，我也赞成；老三说她要去中国学厨艺，当一个顶级的糕点师，然后去开办全世界最好吃的糕点店，我也赞成。因为他们明白，自己的未来只能自己来负责。

犹太家庭教育有一句至理名言：“不相信孩子，什么都替孩子做决

◎ 美国电影公司导演率制作团队拜访沙拉

定等于剥夺了孩子自由发挥的机会。等到孩子自己来向您征求意见或是寻求帮助的时候再做决定也不迟，而且反而会像孩子所期待的那样带来很好的结果。”

有些父母觉得自己的阅历比孩子丰富，帮孩子做决定是为了让他们少走弯路，不走错路。不错，有时候，我们几十年人生经验的积累，都是真正宝贵的东西。但是，人生不是单行道，尤其在孩子的长远人生中，请不要用我们的价值观为他们思考，因为价值观是会变化的。

我们几十年的人生经验，真正应该传授给孩子的是：孩子，想想你的兴趣在哪里？你的天分在哪里？你能不能拥有快乐的生活？你是否具备终身学习的态度？作为父母，我们要锻炼的是孩子的自我思考能力、自我选择能力、建立坐标能力和寻找价值能力。

现在是全球化时代，人才竞争早就不同于以往。作为父母，要松开捆绑孩子心灵、手脚的枷锁，让孩子能按照自己的心志，以自己的速度，去寻找到自己的人生坐标。这样的道理，也许用小儿子杰瑞自己的话来讲，更有说服力。有一次，他在电话中对我说："妈妈在教育我们的时候，一直帮我们寻找坐标，鼓励我们建立理想，思考自己的道路。我非常感谢这一点。我懂事以后回想，在我们小的时候，妈妈带着我们三个孩子那么辛苦，生活也不富裕，本来应该教育我们多多挣钱的。但是，您都没有这么做。我按照妈妈的教育，尽全力去追求自己的理想。后来，我去上海读大学，您还支持我花很多钱去学钻石鉴定，鼓励我不要只看眼前的利益，要把眼光放长远。现在，我在事业上取得了成功，有了好的经济条件，能够自由、幸福地生活，这都是妈妈赋予我的。"

父母与其费尽心思地为孩子积累财富，不如想方设法让孩子拥有财商头脑。不管你拥有多少钱，如果只出不进，终有花完的一天。只有让孩子自己拥有正确的财商思维，具备理财能力，才能让他们今后不管处在什么境况下，都可以在自己的人生道路上独立自主地生活，活出自己的精彩。这比留给他们大笔金钱更有助于他们的未来。

做父母的一定要记住，孩子的人生道路终究是要靠自己去走的，任何人都没办法代替，从小培养孩子独立自主、自己解决问题的能力非常重要。父母从小要给孩子自由成长的空间，不能越俎代庖。只有孩子内心真正热爱的事情，才能长久坚持下去，变成属于自己的人生财富。

美国富商约翰·富勒小时候家里条件非常不好，家中有七个兄弟姐妹，他从五岁起就开始工作赚钱贴补家用。但是他有一位很了不起的母亲，他母亲经常对他讲："我们不应该这么穷，不要说贫穷是上天的旨意。我们很穷，但不能怨天尤人，那是因为你爸爸从未有过改变贫穷的欲望，家里每一个人都胸无大志。"

这些话深深地影响了富勒，他下决心改变家里贫穷的状况，开始努力追求财富。十二年后，富勒接手一家被拍卖的公司，后来又陆续收购了七家公司。他每次谈及成功的秘诀，都不忘感谢他的母亲，他觉得是母亲改变了他的思维，让他知道只要有改变贫穷的愿望，就有可能会成为有钱人。母亲让他明白："虽然我不能成为富人的后代，但我可以成为富人的祖先。"虽然富勒的母亲没有能力给他金钱，但是母亲给他正确的财商思维、质朴的财商教育，改变了他的思想，让他最后能够靠自己的努力拥有让人羡慕的财富。

好的财商教育能在孩子心中埋下一颗种子，在适当的时候发芽长大，成就一个富裕美好的未来。

最后，要提醒父母的一点是，不管是财商教育还是人生之路，做父母的都不要操之过急，不要代替孩子做决定，不要插手孩子的人生。我一直强调理财就是理人生，这是一个漫长的过程，没有速成技巧，需要孩子自己在父母、老师的指导下去琢磨。父母只是孩子的指路人，未来之路到底怎么走，需要孩子自己决定。给孩子好的教育，然后放手让孩子自己去搏，这才是明智的父母。

以色列有一句广为流传的教子名言："教育的目的是把每个人都训练成一个有自己独立思想的人。"而我认为，真正的财商教育，教的是一种能够在任何社会环境中都能独立生存的能力。未来孩子终究要独立生存，父母能做的是在孩子出去之前给他们足够多的能量储备，这些能量可以是知识，可以是技能，可以是思维方式，还可以是爱，用这些能量为孩子灿烂的未来打好基础。

这就是财商教育的魅力。

财商教育锦囊

父母要避开的财商教育误区

现在社会上出现了不少财商教育培训机构，但是良莠不齐，做父母的一定要睁大眼睛避开误区。

1. 把财商教育等同于理财教育。很多财商培训机构简单地把教理财视为财商教育，这是以偏概全的做法。财商应该是人生综合资源的管理能力，是一种掌控和驾驭资源的能力。

2. 把财商教育简单化，内容单一无层次。财商教育要根据孩子不同阶段的特性，分阶段进行，不同的年龄段有不同的侧重点。

3. 把财商教育与其他教育割裂。财商教育不应该是单独的，财商教育与智商、情商、道德教育是相辅相成的。

4. 过分强调金钱的作用。财商教育不应该把金钱当成目标，金钱只是工具，我们要培养的是把控金钱的能力。

后记

像理财一样“理”孩子

教育孩子是一项系统工程，财商教育只是其中一部分。财商不仅仅是赚钱，财商教育并不是要把孩子教育成一个钻进钱眼儿里的人。我们要给孩子的财商教育，是培养孩子对人生综合资源的管理能力，培养孩子掌控和驾驭资源的能力。换句话说，我们在培养孩子理财能力的同时，也在提升他“理”人生的能力。

道理都是相通的，像理财一样“理”孩子，更容易得到孩子的认可。而对于父母来说，教孩子理财的同时也在提升自己“理”孩子的能力。

前段时间，在一次讲座结束后，一个妈妈来找我，说她的孩子已经有两个月不肯理发，问我有什么办法可以让小朋友去理发。

我问她小朋友在不在，她说在，然后小朋友勉勉强强地被他妈妈带到我面前。我闻了闻他的头，挺香的。我心想这个孩子是个好孩子，因为他的头发香香的，说明他还是很注意自己的卫生和形象的。他的妈妈一直在旁边说："他就是不肯理发，我跟他说再不理发就停了他的零用钱。"我当时跟他的妈妈说："头发长在孩子头上，跟妈妈没有关系，他爱理或者不爱理都是他个人的问题，是他可以自己做决定的事情。你有没有问问他为什么不理发？还是只是把自己的审美和意见强加在孩子身上？亲爱的家长，你叫孩子去理发和弄清楚孩子为什么不理发之间有个过程，你要了解孩子的需求和想法，你不能按照你的生活需求要求孩子遵守。因为现在的孩子接受了很多的信息，他们有自己的思想和想法，他不可能随时听从你的安排和摆布。换一种方式，你去问问孩子，你是不是想赶潮流？是不是觉得留长发很酷？也许孩子就会告诉你原因，你再分析、解决问题，会比你武断、主观地要求孩子去理发有效果。"

孩子看了我一眼，拉了拉我的手。我跟孩子说："你是个好孩子，我知道你为什么不理发，你是想找到一种感觉。这种感觉其实有很多方法可以找到。但是你要做的是找到一个空间，找到一种平衡，让你和你的母亲都得到满足。你这么聪明，肯定知道怎么把握好留长发的度。"

我们的孩子都很聪明，晚上主办方给我打电话，说那个孩子一出门就让妈妈带他去理发店。他保留了中间部分的长发，剪短了四周的头发，与母亲达成了共识。

对于现在的孩子，我们要用新的思想、新的理念去理解他们。你不要因为孩子不理发，就逼他去理发，你得弄清楚事情背后的原因。我们阻挡不了社会潮流，父母需要不断地学习，跟上形势。很多时候你只要找到孩子的需求点，就能和孩子很好地沟通，达到令双方都满意的结果。

看到需求，找到合适的方法和切入点，这不正是具有高财商的人擅长的事情吗？如果我们的父母都有足够的财商，是不是在“理”孩子的时候也能更轻松呢？

其实父母并不是没有能力发现孩子的需求，而是因为大部分父母内心深处认为自己比孩子知识丰富、阅历丰富，所以习惯用居高临下的态度对待孩子。但是他们忽略了孩子也是人，也有自己的思想，他们更期待被父母平等对待。

做父母也是需要方法的，和理财一样。好的理财方式会让你的金钱翻倍，不恰当的理财方式可能会让你满盘皆输。同样，好的教育方式会让孩子认识到错误并改正，并且记忆深刻，不当的教育方式可能会造成孩子的反叛或者亲子关系紧张。即使是现在，我的孩子已经长大了，我也会时刻注意对他们的教育方式。

最近的一次母亲节，我等到半夜十二点还没有收到小儿子的问候消息。我当时非常生气，特想骂他。可是我骂他的念头突然被“人生不如意之事十之八九”的念头打断。我控制了自己的情绪，拿起手机给他发短信：

> 儿子，感谢你给我带来今天的节日。因为你的到来，我成了母亲，我为今天的节日感到自豪。
>
> 孩子，你是我的未来，也是我的现在。之前四十年漫长的人生路上，你给我带来了无穷的力量。因为你，我战胜了困难；因为你，我战胜了沮丧；因为你，我战胜了无数个夜晚的哭泣；因

为你，我变得从容而勇敢。

今天我不知道为什么会那么思念你的成长过程，不知道为什么对你的思念会化成一串串眼泪……儿子，我特别想你。如果我有来世，我希望还做你的妈妈，你还做我的儿子。我一定会改掉很多你记忆中我的不完美的地方，也许还会有新的不完美出现，但人生就是这样，当所有的不完美你都能接受时，你的人格就更丰满了。

儿子，希望你的明天比今天更好！母亲节快乐，谢谢你，我的儿子！

大概十几分钟后，我的手机开始“叮咚、叮咚、叮咚……”响起来，他按照犹太人的惯例，发给我“7 乘以 5”三十五个流泪的表情（在犹太人的神话传说故事中，上帝造物用了七天 × 五行泪），没有说一句话。我也翻篇过去，之后再也没有提过这件事。如果换成往常，我会追问他为什么，但是我当时觉得我要给孩子留有充分的自尊心，不管是多大的孩子，他首先是一个独立的人，有自己的自尊心。

后来，我参加侨联会议，突然有个公司老板叫我过去，说要给我看个东西。我一看，这是我发给我儿子的信息，我很好奇他为什么有。他告诉我，他们群里很多人因为这段话掉了很多眼泪，他自己在看到这段话的第二天就去看他妈妈了。他说：“我怕‘子欲养而亲不待’，你对儿子的教育方式影响了我们这些生意人，我们都回想了自己对母亲的不足。我们的母亲一直在默默奉献，但没有哪个母亲会像你这样用另外一种方式来引导孩子。”

我告诉他，我之所以这样做源于两点。一是我真的很感谢孩子们的到来，让我有机会过母亲节，让我能表达对孩子的爱。二是我想告诉孩子对母亲要敬畏，孩子没有做到，所以我提醒他了。但是我不会用一种居高临下的语气对孩子说话，因为我认为孩子从一出生开始就是一个独立的个体，和父母一样，他们会有自己的思想和人格，他们也需要被尊重、被认可。我把孩子看成是我的伙伴，我们是平等的关系，而不是因为孩子是我生的，我在他们面前就高高在上。一旦你和孩子处于平等的地位，你们的沟通就会顺畅很多。

这是不是跟商业合作有点像？合作的双方如果是不对等的关系，那么合作必然是不能持久的。一个具有高财商的人会懂得尊重他的伙伴，互利合作，达到双赢效果。做父母的也要尊重我们的孩子，平等交流才能维护良好的亲子关系。

最后，我要在这里跟做父母的朋友们说，跟理财一样，教育孩子也是一项长期工程，做父母的要勤于学习，千万不能心急。

财富自由教育：外在财富与内在财富的同时生长

陈建翔

北京师范大学教育学部教授
中国人生科学学会家庭教育科学研究院院长
中国关心下一代工作委员会儿童发展研究中心专家委员会委员

一

沙拉的经历是独特的、不容易复制的。

沙拉的感受和思想也是独特的、不容易复制的。

独特的经历，成就了她独特的感受和思想。

当这些独特的感受和思想以书的形式摆在我们面前的时候，它就会给我们大不一样的阅读体验。

二

我听过她的演讲，也与她有过近距离的交流，聆听过她的成长故事。

我发现，她非常善于在平凡的、琐碎的、一般人未曾觉察的生活细节中，感悟并提炼出不同凡响的道理。这些道理，由于其来源具有跨国度性、普适性，超越了单一的时空结构和教育模式，因而经常给人耳目一新的感觉。

这需要一颗敏感的，既有博爱特质又有理性精神的心。

反过来，当她向你娓娓道来的时候，这些道理丝毫不显生硬，而是融于细腻的、生动的甚至具有诗意的生活故事的描述之中。

她本质上是一个诗人。以敏锐的、柔情的眼光看世界，看出这个世界种种的美好和殊胜；以感性的诗一般的生动，讲述种种理性的深刻的道理。这个功夫是不好拿捏的。

她又是一个讲故事的高手，起承转合，跌宕起伏，暗埋伏笔，前后契合……在意想不到的地方突然给你一个惊喜！这也需要一定的天赋。

她与眼下许多教育者最大的不同，是她有一个“魂”！正是这个“魂”，使她的故事生动感人，使她的道理温煦宜人。

在工业文明时代，教育很容易“外在化”，把工业化模式制造出的产品——知识、技能、规范、成绩——当成人的“内在”而顶礼膜拜。当我们的教育普遍丢掉本心、“失魂落魄”的时候，沙拉的书能够给我们惊醒、反思和启迪。

三

这本《犹太妈妈的财商教育》，是“特别狠心特别爱”系列中的一本，体现了“沙拉式教育”的基本风格。

核心理念即：“理财就是理人生。”

沙拉说——

犹太人培养孩子财商的目的，不是让孩子沦为赚钱的机器、守财的奴隶。相反，他们把“理财教育”视为“道德教育”或“人性教育”，帮助孩子养成人生所需要的正确的价值观。在以色列生活这么多年，我可以毫不犹豫地告诉大家：理财就是理人生，所有理财的基础都源自一个人对人生的理解和选择。比如，遇到事情要如何选择、如何应对，只有掌握了正确的应对方式，才能在今后的理财之路上比别人先行一步，比别人更进一步，比别人更优秀！

财商智慧包含在人生智慧中。理财也是从理人生开始，如果连人生都没有理清楚，是不存在理财的。理好自己的人生，这比一门心思赚大钱更能让人幸福，也更能对社会做贡献。

中国社会现在对财商教育高度重视，各种财商培训班、财商活动层出不穷，但正是这种重视让我担忧。在我看来，财商是不能速成的，真正的财商教育贯穿于整个人生过程中，这是一个长期过程。最好的儿童财商教育是在生活中，而父母就是孩子最好的财商老师。

沙拉把外在的财富——钱财、资产、利益，汇入了内在的财富——人性、道德、价值观的框架来思考，把经营财富与经营人生同时进行规划，把理财训练与日常生活相结合，这是她的财商教育的基本特色。

在这个大框架底下，她还提出了“注重数字和逻辑”“为孩子开个人账户”“生活有偿化”“不苛求完美”“赢输、赚亏都有相对性”等比较具体的教育理念和方法，既有高度又接地气。

四

这里要顺便讨论一个问题：为什么“富不过三代”是家族传承中比较普遍的情况？读沙拉这本书，也会对这个问题有所感悟。

听过这样一个有趣的段子——

女儿问爸爸，什么是爱情？

爸爸说：“爱情就是爸爸什么都没有，妈妈依然嫁给了爸爸。”

女儿又问，那什么是亲情呢？

爸爸说：“亲情就是妈妈绝不会让你嫁给一个什么都没有的人。”

女儿又问妈妈，什么是爱情？

妈妈说：“爱情就是爸爸什么都有了，依然爱妈妈。”

女儿又问，什么是亲情？

妈妈说：“亲情就是爸爸绝不会让你嫁给一个什么都有却不爱你的人。”

对这个段子可以从若干个角度引申、解释。

我想到的是——

作为成功过程的亲历者，爸爸妈妈都体验过单纯的、不与其他条件相联系的爱情，他们并不后悔于这个经历，甚至会以拥有这种经历为骄傲，但他们作为后代的指导者，却并不接受（或者轻一点儿说，不希望、不向往）这种经历出现在孩子身上。这似乎是作为亲历者与作为指导者不同身份而经常出现的人格差别。

我们许多成功的政治家、企业家、将军、作家、艺术家……却并不希望子承父业。这是耐人寻味的。为什么我们自己愿意经受、能够承受的事情，却不愿意孩子经受和承受？这是否可以解释为什么“富不过三代”“学不过三代”？我们自己经历了不确定性，并从不确定性的荆棘中、血泊中爬了出来，但却害怕孩子也经历不确定性，希望孩子能够沿着既明确又安全的成功道路度过一生。

惧怕、排斥不确定性，竭力提高“成功率”，可能是成功者的后代一代不如一代，家族成功基因退化的奥秘。

每一代人都希望在下一代人身上加一份保证成功的确定性的筹码，而竭力排斥、拒绝不确定性，这实际上是使被加码的每一代人丧失更多探索的可能性，也就是量子理论所讲的——“叠加态坍缩”。

关于这个问题，沙拉的见解是：“磨难也是生命的财富！”这是发人深省的。

这就是本套图书的总标题“特别狠心特别爱”值得我们仔细品味的地方。为什么“特别的爱”经常要通过“特别的狠心”来表达？因为“特别的爱”具有本爱、博爱的性质，它超越了一般的“小仁小爱”，超越了“偏爱”“溺爱”“狭隘之爱”“执着之爱”，所以它在用心上就更深一层，看得透、想得远、放得开，敢于放手把孩子交给充满不确定、“不保险”的自立之路，乐于看见孩子生命内在的财富自然生长起来，并在财富的增长中获得和体验自由。

这可能就是一个能够对三代负责的母亲应有的眼光。

跋二

犹太人的财商从哪儿来

王健

上海社会科学院国际问题研究所所长
上海犹太研究中心执行主任

财商就是财富创造与管理的能力。犹太民族作为一个文化独特、命运多舛的民族，为了生存和发展，非常重视财商的培养。犹太人“会赚钱”已经成为“勤读书”外，犹太民族在世人眼中的另一个显著标签。

犹太人的财商首先是基于犹太民族的宗教伦理基因。1911年，桑巴特在韦伯《新教伦理与资本主义精神》一书影响下，撰写了《犹太人与现代资本主义》，认为资本主义精神的源头可能要追溯到犹太人那里。他指出：“当今我们这个时代经济生活的外部结构，在很大程度上是经由犹太人之手建立的。”因此，现代经济精神要从《旧约》等犹太教经典中去寻找。从《旧约》《塔木德》等经典中我们可以发现，犹太教从来不羞于谈钱。“合宜的义和合宜的世界有七个特征，其中一个是富足”“智慧的右手有长寿，左手有财富和尊荣”“富翁的财物是他的坚城，穷人的贫困是他灭亡的因由”“财富使朋友增多，但穷人连他的一个朋友也与他分离”，等等。与此同时，犹太教又讲求“生财有道”和“取之有方”，一再强调“急于发财的，不免受罚”“一个真正的以色列人，应该避免贪婪”，等等。

犹太人的财商也来源于犹太民族的内在特性。按照桑巴特的说法，犹太人属于正好成熟到足以接受资本主义的那拨人。犹太民族身上有着许多理性化特征。例如，犹太人普遍遵守律法、要求用“律法覆盖全部生活”，同时强调在日常生活中自制、慎重，认为“强中强者是能控制自己情绪的人”“脚步匆忙的，难免失足”“马在松软的土地上易失蹄，人在甜言蜜语中易摔跤”。犹太人非常勤劳，“一定要唤醒每一天，而不是由每一天来唤醒犹太人”。歌德也曾经说过：“没有一个犹太人，哪怕是最微不足道的犹太人，不是在为了实现世间暂时或临时的目标而忙碌。”然而，比勤劳更重要的，是犹太人重视教育，善于用脑。他们认为，“智者的地位高于国王，有学问的人要高于无知的大祭司”“要圆满完成一项伟大的工程，动手要一千次，动脑只需一次”。

犹太人的财商，与犹太民族独特的历史生存环境也密切相关。从公元 1 世纪开始，犹太民族经历了一个漫长的大离散时期，形成了散居世界各地的犹太网络。同时，各国对犹太人只准许从事商业与货币借贷活动的规定，在有意无意中培养了他们开展国际贸易和全球金融业务的能力，为参与近代资本和商业活动创造了独特的条件。犹太人由此富了起来，并带动了近代资本主义的发展。例如，大航海时代后，随着犹太人事务所的建立和疆域的拓展，犹太人的世界贸易之网越织越大，越织越密，并把西半球也拉进了世界贸易圈。特别是，作为国际贸易的中间商，犹太人还做了许多金融创新，如汇票、证券、债券等。犹太人在欧洲股票交易所兴起之时，几乎垄断了其全部业务。美国人也感叹，犹太人“在数以千计的繁荣社区中一直是顶尖理财专家”。

沙拉是“二战”期间逃亡到上海的德奥犹太难民后代，中以建交后又成为受到以色列总理拉宾接见的第一位从中国移居以色列的犹太公民。她在中国和以色列都曾有艰难谋生的经历，但最终以其出色的财商成了以色列著名钻石公司在上海的代理，并培养出了经商成功的子女。沙拉感恩中国，也愿意为中华文化与犹太文化的交流互鉴，为中犹两个民族、中以两个国家的友好往来做出自己的贡献。近年来，她出版了“特别狠心特别爱”系列图书，介绍了犹太文化中的育儿智慧。

《犹太妈妈的财商教育》这本新书，可以让我们从犹太智慧中了解犹太民族是如何认识财富、创造财富、运用财富的，并与中华文化中相关优秀文化传统有机结合，教育孩子从小树立正确的财富观，掌握必要的理财能力，使之成为社会主义现代化国家的新一代合格建设者。